校本研究系列丛书

高中生涯教育

于莉　高良元　编著

山东大学出版社

图书在版编目(CIP)数据

高中生涯教育/于莉,高良元编著.—济南:山东大学出版社,2017.7

ISBN 978-7-5607-5806-0

Ⅰ.①高… Ⅱ.①于… ②高… Ⅲ.①职业选择—高中—教学参考资料 Ⅳ.①G634.933

中国版本图书馆CIP数据核字(2017)第164119号

责任编辑:姜　山
封面设计:牛　钧

出版发行:山东大学出版社
社　址　山东省济南市山大南路20号
邮　编　250100
电　话　市场部(0531)88364466
经　销:山东省新华书店
印　刷:山东省英华印刷厂
规　格:720毫米×1000毫米　1/16
13印张　180千字
版　次:2017年7月第1版
印　次:2017年7月第1次印刷
定　价:36.00元

《校本研究系列丛书》

编委会

总 序

教育是一种生活，是一种情怀，也是一种行动方式。校本研究以“为了学校，基于学校，在学校中”为特点，强调从学校的实际出发，让教师成为研究的主体，进而发展教师的自主性和专业水平，为全体学生的健康成长奠基。组织好校本研究工作是学校的责任，也是学校发展、提升的机遇。

山东省实验中学作为首批省级规范化学校，历来注重全方位实施素质教育、促进学生全面发展。学校坚持“科研促教，科研强校”，重视基础，发展特长，培养能力，鼓励创新，真正做到“为每一位学生创造主动发展的无限空间”。特别是多年来，学校以全面实施高中新课程为契机，大力推进素质教育，在全省率先开齐开全国家必修课程，并依托独具实验特色的课程体系，开设了丰富多彩的国家选修课程和校本课程。目前，学校研发开设了包括人际交往、生涯辅导、安全教育、营养与健康等“生命教育课程”，环境小硕士、生活与环保、自然灾害与防治等“EPD 课程”，模拟联合国、国际青年成就（JA）项目、创客教育、时政论坛、财经素养、演讲与辩论等“能力提升课程”，国学、古琴、京剧、书画、传统节日文化等“民族文化课程”，日语、韩语、德育、俄语等“语言课程”，以及学科竞赛类和兴趣特长类“特长发展课程”。六大类百余门校本课程的开设，为学生实现全面的、个性化发展提供了优质的课程资源。此外，选课走班教学让每位学生拥有了一份适合自我发展的个性化课表；公益活动、行业体验等综合实践活动类课程也给实验学习创造了接触社会、了解社会、服务社会的机会，更为新高考形势下学生的职业发展提供了探索平台。教育内容多样，教育效果良好，学校特色彰显。

我们深知，一所学校的健康发展、科学发展，离不开教育科研的支撑；一支精良的教师队伍是学校发展的活力所在、动力所在、竞争力所在。

校本研究系列丛书将我校多年来校本建设、校本研究的成果进行了梳理，目的在于展示成果，提炼经验，以科学的态度探索校本教研的规律，促进教师课程能力提高，在更高层次上提升学校育人质量和办学特色，同时也是顺应时代发展趋势，结合新形式的教育教学状况的结晶。我们期待着这套丛书的出版能够引领我校校本研究向纵深发展，能够有助于教师校本研修的常规化和持续开展，能够对其他学校和广大教育工作者有所借鉴和帮助。

感谢积极投身校本研究的老师们，感谢支持丛书出版的山东大学出版社，由于我们的水平有限，疏漏和不足之处在所难免，我们愿意倾听大家提出的宝贵意见。我相信，我校的校本研究之路会越走越实，越走越好，越走越远。

山东省实验中学党委书记、校长 魏相河

2017 年 3 月 30 日

前　言

亲爱的同学们：

当你告别了初中生活、踏入高中大门时，你心中是否充盈着对未来的憧憬与梦想，但同时也有一丝忐忑与不安？你憧憬着在未来的三年里展现你的风采，张扬你的个性，更践行着你的人生理想，但忐忑不安的是自己的高中生活真的准备好了吗？

高中阶段是人生中一个多梦的季节，在这段青葱岁月中，你可以尽情地勾勒自己的未来，挥洒着青春的汗水，结交着生命中的知己，这一切都基于高中学业的积淀与成长。因而，进入高中的第一天你们就需要为自己的将来而努力，但是怎么做、如何做，那就需要对自己的未来进行设计与规划。

“有志之人立长志，无志之人常立志。”人的一生，常常因为有没有长远规划而不同，对于生活在充满竞争和强烈要求自我实现的今日的高中生来说尤为如此。高中阶段属于青年早期，处于青年早期的同学们将开始发现你们的兴趣和能力，并感知你们适合哪一种工作。本书将帮助你找到自己最擅长的一面，充分发挥并挖掘自身潜能，然后去选择符合自己的兴趣、爱好和特长，既适合自己个性特点又能够满足自身需求的职业，利用自己的特长和优势实现自己的人生理想。

高考历来备受关注。对于高中生来说，要想上理想的大学和专业，除了平时的努力学习，考试前的积极准备，考试中的充分发挥取得好的成绩以外，高考志愿的填报当属最重要的。我们发现，高考后，有些考生和家长更是面对志愿选择会一脸茫然，不知所措。这主要是缺少对职业方面的认识。考生缺少对自己人生发展的规划，只知道要上大学，却不知道要上什么大学；或者只知道要学什么专业，却不知道将来要从事什么职业。因此，高考填报志愿是一个个人定位的过程，也是人的职业生涯规划的起始阶段。学会规划自己的人生是成功的第一步！

新高考背景下的生涯规划将告诉你们应该从哪些方面分析，思考自己的未来发展，我们建议可以从以下五个方面进行思考：

第一，了解自己，包括了解自己的兴趣爱好、气质、性格、价值观等。

第二，了解当下的职业与大学的专业。

第三，综合分析自身的情况和专业、职业的信息，做出学科匹配，进行科学的选课并能进行良好地自我管理。

第四，对大学和专业进行梳理，明晰将来的职业发展方向。

最后，结合自身特点和大学、专业情况，进行合理匹配，理性进行大学志愿填报。

步入高中，意味着你的人生旅程掀开了新的一页。《彷徨少年时》的作者赫曼·赫塞曾经说过："生命究竟有没有意义并非我的责任，但是怎样安排此生却是我的责任。"我们真诚地希望能通过这本校本教材帮助同学们安排自己的高中生活，设计自己的人生，并通过自己的努力来实现梦想。让我们若干年后相互证明，今天，你做了一个正确的选择！

我们真诚感谢学校领导和哈尔滨工业大学威海校区"人格与生涯规划课题组"毕慧玉老师对本书编著的大力支持与帮助，感谢学校"学生生涯规划指导中心"老师们提出的编写建议，但是由于编者水平有限，书中难免会有疏漏和不足之处，恳请同学们和读者朋友们提出宝贵的意见。

作者

2017 年 3 月

目录

上篇　基础篇

中篇　应用篇

下篇 工具篇

基础篇

『上篇』

基础篇

上篇

第一章

我有一个梦

马丁·路德·金的《我有一个梦》让我们每个人都深受感染与震撼。梦想是每个人都有的，对于人生，它像一粒种子，种在“心”的土壤里，尽管它很小，却可以生根、发芽、开花。假如没有梦想，就像生活在荒凉的戈壁，冷冷清清，没有活力。有了梦想，也就有了追求，有了奋斗的目标。也许在实现梦想的道路中，我们会遇到无数的挫折，但没关系，跌倒了自己爬起来，为自己的梦想而前进，毕竟前途是自己创造出来的！对于刚刚升入高中的小豌豆来说，他也有自己的一个梦，那就是在不久的将来能够升入一所理想的大学。你的梦想是什么呢？

生涯故事

梦想为自己而写

有一个小男孩儿，梦想当一名作家，他十分喜欢写作，可是语文课成绩却很糟糕，因为他觉得语法又复杂又枯燥，所以讨厌冗长的、毫无生趣的写作训练。因此，语文老师并不看好他的作文。

不过小男孩儿从未改变过自己的梦想，他对语文课的态度也没有变，直到有一位叫弗里格的先生担任了他的语文老师。一天，弗里格先生发给学生们一张家庭作业表，上面列满了作文题，要大家任选一个感兴趣的话题写一篇作文。

小男孩儿发现这个老师好像很不一样，于是他开始选择题目，他看了几行作文的标题，都觉得没意思，一点写作的欲望也没有。忽然，他的目光停留在了“吃意大利通心粉的艺术”这个题目上，生动的记忆便从他脑海中倾泻出来：那是一个非常温馨的夜晚，窗外满月高挂，皎洁的月光洒满了庭院，全家人围坐在餐桌旁，静静地等着姑姑端来意大利通心粉。虽然这是姑姑第一次做通心粉，味道怪怪的，可是全家人吃得都很认真，还不停地赞美和鼓励姑姑。整个屋子里充满了银铃般的笑声。

男孩立即把记忆中的画面写下来，当然仍以他自己喜欢的方式在写，学校里学的那些写作技巧和语法规则被他统统抛在了脑后。几乎是一气呵成，男孩儿觉得浑身舒畅，那是从来没有的写作经历，他也几乎忘了自己是在完成老师布置的作业。

作文交上去之后，男孩儿并不抱期望会受到表扬，因为这种事从来都不会发生在自己身上。可出乎男孩的意料，他的文章竟被老师当范文在全班同学面前朗读，而同学们也都在认真地听着他的文章，教室里只有老师浑厚好听的声音在回荡。老师读完后，同学们不约而同地给出了赞叹的掌声。

后来，男孩长大了，在一家地方报当了一名记者，由于写作感人，选材敏感，被主编派驻白宫，后又受聘于《纽约时报》，成为著名的专栏作家。

他就是罗素贝克，两次获得普利策新闻奖，后来又担任了普利策新闻奖的评委，他的理想真的实现了。

你的人生梦想是什么呢？请写一写吧！

____

____

生涯探索

一生中最想完成的事

小豌豆踏入了山东省实验中学的门槛，他未来的目标就是 3 年后考入一所理想的大学。但是除此以外呢？在通往罗马的路上，路边的风景可有吸引他的地方？到达终点后他还有没有新的愿景呢？如果你是他，请你用手中的笔记录在表 1-1 中吧！

表 1-1

序号	你最想做的事情	预期完成时间

常言道："要立长志，不要常立志。"有了诸多的想法和愿望，我们是不是可以坐等愿望达成呢？答案当然是否定的。梦想是人生的导航灯，在人生的旅途中，有梦想的指引，你就会意识到肩上的责任与义务。为了实现梦想，我们就必须理清思路，好好想想我们的路该怎样走，做好规划才能圆梦。就像徐小平说的那样："不做人生规划，你离挨饿只有三天。"

生涯知识

我们经常会听到别人问："你爸爸、妈妈是做什么的？"你将来打算做什么？在实际生活中，职业具体体现为工作，从事某一职业，寻找一份工作，事实上就是在找个饭碗，因为工作对于人们的重要性是不言而喻的。工作中寄托了很多人自己的理想。比如说，一个祈望救死扶伤、减轻别人痛苦的人，可能会选择医生作为职业；一个心怀国家民族的人可能会把成为政治家作为自己奋斗的目标。在他们看来，工作的成功意味着理想的实现。但一定要注意，理想不等于职业。

对很多人来说，工作只是一种谋生的手段，但对世界上最有钱的那些人，比如比尔·盖茨、李嘉诚，他们所积累的财富一生都享用不尽，但他们还在努力地工作，这是为什么？一位富人说，金钱积累到了一定程度时，它就只是数字了，不再诱人了，显然，工作并非只是挣钱的方式，它有更多、更重要的意义。

什么是职业生涯规划

职业生涯规划是生活中各种事件的演进方向和历程，它统合了人一生中的各种职业和生活角色，由此表现出个人独特的自我发展形态。它也是人生自青春期到退休以后，一连串有酬或无酬职位的综合。除了职业之外，还包括了与工作有关的任何角色。或者说职业生涯规划是在对一个人职业生涯的主观条件和客观条件进行测定、分析、总结的基础上，对自己的兴趣、爱好、能力、特点进行综合分析与权衡，同时根据社会、时代的发展需求，根据自己的职业倾向，确定自己最适合的职业奋斗目标，并为实现这一目标做出具体的、有针对性的规划。职业生涯规划包括组织的职业生涯规划和个人的职业生涯规划，这里主要研究个人对自己进行的职业生涯规划。

职业生涯规划就是你打算选择什么样的行业，什么样的职业，什么样的组织，想达到什么样的成就，想过一种什么样的生活，如何通过你的工作达到你的目标。用一个职业规划师的话说：“职业生涯规划就是做你自己感兴趣的事，让公司的老板出钱。

高中生职业生涯规划，就是让高中生尽早认识自我、认识职业、认识教育与职业的关系、学会职业决策，从小根据自己感兴趣的职业目标，从知识、技能和综合素质方面锻炼自己的职业竞争力的过程。

职业生涯规划的特点及分类

可行性：有事实依据，客观条件，理想不等于职业，并非美好的幻想或者不着边际的梦想。

适时性：规划是预测未来的行动，确定将来的目标，所以何时计划、何时实施都应有时间和时序上的安排。

适应性：存在可变因素，应有一定的弹性。

连续性：人生每个发展阶段应能持续连贯性衔接。

表 1-2　　职业生涯规划的分类

类型	定义及任务
人生规划	整个职业生涯的规划，时间长至 40 年左右，设定整个人生的发展目标。如规划成为一个有数亿资产的 CEO。
长期规划	5 ～ 10 年的规划，主要设定较长远的目标。如规划 30 岁时成为一家中型公司的部门经理。

续表

类型	定义及任务
中期规划	一般为 2 ～ 5 年内的目标与任务。
短期规划	2 年以内的规划，主要是确定近期目标，规划近期完成的任务。

职业生涯规划的基本原则

我喜欢——符合自己的兴趣。

我适合——适合自己的气质与性格。

我擅长——匹配自己的能力。

如何设计个人的职业生涯规划？

这里介绍职业生涯规划五步法，通常采用 5 个“What”的思考模式。

第一，What are you？问自己，你是什么样的人？这是自我分析过程。

要求一个人对自己作深刻的反思与认识，对自身的优势与弱点都要加以深入细致的剖析。分析的内容包括个人的兴趣爱好、性格倾向、身体状况、教育背景、专长、过往经历和思维能力。这样才能对自己有全面的了解。

第二，What do you want？你想要什么？这是目标展望过程。

要求一个人对自己未来职业发展的目标和前景，做出愿望定位、心理预期和取向审视，包括职业目标、收入目标、学习目标、名望期望和成就感。特别要注意的是学习目标，只有不断确立学习目标，才能不被激烈的竞争淘汰，才能不断超越自我，登上更高的职业高峰。

第三，What can you do？你能做什么？

要求一个人对自己的素质，尤其是自身的潜能和实力进行全面的测试和把握。自己专业技能何在？最好能学以致用，发挥自己的专长，在学习过程中积累与专业相关的知识技能。同时个人工作经历也是一个重要的经验积累。判断你能够做什么。

第四，What can you support you？什么是你的职业支撑点？

要求一个人对自己所处的环境状况和所拥有的各种资源状况有一个客观、准确的认识和把握。你具有哪些职业竞争能力？有什么资源和社会关系？个人、家庭、学校、社会的种种关系，也许都能够影响你的职业选择。什么行业和职位才是适合你的呢？不同的行业、不同的职位，其待遇、名望、成就感和工作压力及劳累程度都不一样，作选择时要注意，最好的并不是合适的，合适的才是最好的。

第五，What can you be in the end？最后你能够选择什么？

要求一个人对自己所提出的职业目标以及实现方案作出一个具体明确的说明。

通过前面的过程，你就能够做出一个简单的职业生涯规划。机会偏爱有准备的人，你做好了你的职业生涯规划，为未来的职业做出了准备，当然比没有做准备的人机会更多。

课堂活动（一）

根据5W思考模式分析自己

1. What am I？（我是谁？）

优势：________________________________

不足：________________________________

2. What I want？（我想做什么？）

(1)________________________________

(2)________________________________

(3)________________________

3. What can I do？（我能做什么？）

(1)________________________

(2)________________________

(3)________________________

4. What can support me？（环境支持或允许我做什么？）

支持：________________________

限制：________________________

5. What can I be in the end？（我最终的职业目标是什么？）

____

为了达到我的职业目标，我的行动计划是：

(1)________________________

(2)________________________

(3)________________________

作业分析：5W 法是通过一步步的分析，帮助你澄清生涯目标的选择，在分析中让你渐渐地了解自己的个人特点和职业机会，从而最终确立适合自己的职业生涯目标。

课堂活动(二)

绘制自己的生命线

1. 在线条的左侧写上“0”，线条右端，箭头旁边写上你为自己预计的寿命，比如 68、82 或 100 岁。这条标线的上方写上你的名字，再写上生命线。这个线条，代表了你的生命的长度。它有起点，也有终点，你为它规定了具体的时限。

2. 按照你为自己规定的生命长度，找出你现在所在的那个点，留下一个标志。

3. 在你的标志的左边，即代表过去岁月的那部分，把对你有着重大影响的事件标出来。比如你 7 岁入学，你就找到和 7 岁相对应的位置，填写入学这件事。注意，如果这件事是件快乐的事，就用鲜艳的笔来写在生命线的上方。如果你觉得此事意义非凡，就把这件事的位置写得更高些。如果这件事是悲伤的，就用暗淡的颜色把它写在生命线的下方。以此操作，你就用不同颜色的彩笔和不同位置的高低，记录了自己在今天之前的生命历程。

课堂活动(三)

我们一起来把你心中理想的高中三年生活以及你希望 3 年后能够达成的目标绘制成一幅成长地图吧！

请拿出一张白纸，准备几支彩笔或蜡笔，在白纸上画出你高中三年的生涯成长地图，你需要画出这些要点：

1. 你现在的状态是什么样子的？你想用什么来表示现在的你？

2. 你高三毕业时的理想状态是什么样子的？请你也用一个图标来表示那时候的你。

3. 在现在的你和未来理想的你之间画出一条生涯之路，在这条路上，标注你每个阶段希望达到的生涯目标。每个关键点都请用尽量多的图画来表示你希望达到的状态，不局限于形式。

完成后给这幅成长地图起个名字，然后和同学们分享。

超链接

萨柏的职业生涯发展理论

萨柏是美国一位有代表性的职业学家。他把人的职业发展划分为 5 个大的阶段。

1. 成长阶段

0 ～ 14 岁，这个阶段发展的任务是发展自我形象，发展对工作的正确态度，并了解工作的意义。萨柏将这一阶段具体分为 3 个成长期：

⑴ 幻想期（10 岁之前）：儿童从外界感知到许多职业，对于自己觉得好玩和喜爱的职业充满幻想，并进行模仿。

⑵ 兴趣期（11 ～ 12 岁）：以兴趣为中心，理解、评价职业，开始作职业选择。

⑶ 能力期（13 ～ 14 岁）：开始考虑自身条件是否与喜爱的职业相符合，有意识地进行能力培养。

2. 探索阶段

15 ～ 24 岁，对自我能力及角色、职业作探索。这一阶段也可分为 3 个时期：

⑴ 试验期（15 ～ 17 岁）：综合认识和考虑自己的兴趣、能力与职业社会价值、就业机会，开始进行择业尝试。

⑵ 过渡期（18 ～ 21 岁）：查看劳动力市场，或者进行专门的职业培训。

⑶ 尝试期（22 ～ 24 岁）：选定工作领域，开始从事某种职业。

3. 建立阶段

25 ～ 44 岁为建立稳定职业阶段。这一阶段分为 2 个时期：

⑴ 尝试期（25 ～ 30 岁）：对初就业选定的职业不满意，再选择、变换职业工作。变换次数因人而异。也可能对初选职业感到满意

而无变换。

(2) 稳定期 (31 ～ 44 岁)：最终职业确定，开始致力于稳定的工作。

4．维持阶段

在 45 ～ 64 岁这一长时间内，劳动者一般达到常言所说的“功成名就”的目标，已不再考虑变换职业工作，只力求维持已取得的成就和社会地位。

5．衰退阶段

人达到 65 岁以上，其健康状况和工作能力逐步衰退，即将退出工作，结束职业生涯。

第二章

高中,我来了

金秋的九月，这是一个承载着希望的季节，我们告别了青涩的初中生活，步入了多姿多彩的高中校园，开始了我们人生中一场美丽的相遇。面对着全新的面孔，全新的学习内容，全新的生活环境，我轻轻地说：你好，高中，我来了！承载着儿时的梦想，承载着长辈们的希冀，更承载着自己对未来的执着与追求，今天我的高中时代开始了！

生涯故事

学霸变学渣

自军训结束已经一个多月了，小豌豆依然感觉找不到北，作为初中学校的第一名进入了省实验，虽然是以指标生的身份，但这依然是很荣耀的一件事呀。可是，为什么阳光灿烂、朝气蓬勃的他，心里有了迷茫，看着周围来自不同学校的同学们，曾经的意气风发真的变成曾经了，骤然增多的学科，突然加快的教学进度，让曾经边玩边学依然成绩优秀的他彻底迷茫了，难道学霸真的变学渣了吗？

小豌豆的经历给我们带来了思考，高中和初中的差别的确是存在的，并且差别还不小，对于在初中阶段还是由老师们喂着吃的孩子们，上了高中要逐渐提升独立吃饭的能力。一向敢于挑战的小豌豆并没有被暂时的困难打倒，他开始了自己的人生探索。

生涯探索

高中和初中真的不一样

通过了解省实验往届的学长们，小豌豆发现确实有一部分中考成绩优秀的学生在进入高中的第一次考试中出现成绩下滑的现象，而出现这种状况的主要原因在于学生和家长对于高中和初中的学习差异不了解。出现成绩下滑的同学大部分依然沿用初中的学习方法和态度对待高中的学习生活，没有及时进行调整。那么高中生活和初中生活到底有哪些差别呢？

第一，学科科目大幅度增加。初三时期学生的考试科目只有语、数、外、理、化5门，进入高一以后，考试科目则增加到9门，连同非考试科目共计 14 门课程。这种增多简直让人应接不暇。而根据课程标准，高中的课时比初中也少，面对这么多的学科，学生们开始手忙脚乱。

第二，课程内容难度增大。虽然有的学科乍一看和初中内容差不多，可是仔细研究会发现，高中阶段的学科难度系数均高于初中，毕竟高中阶段要应对高考，因而考试担负着重要的选拔职责，而初中阶段尚处于义务教育阶段，考试重在合格。所以，对于初三毕业的学生而言，预习高中内容是必不可少的。

第三，学习方式与方法有差别。初中阶段因为学科数量少，因而课时相对宽松，初中老师们可以有充足的时间带领学生反复复习打磨，对于学生的主观能动性要求不高，学生只要按照老师的思路走，听老师的话，中考成绩基本不会差。可是进了高中阶段以后，因为课程内容多而课时少，老师带领学生复习磨炼的时间相对会减少很多。在这种情况下，学生如果不改变自己的学习方式与方法，由被动学习转变为主动学习，那学科成绩下滑则是必然的。

学长告诉你：

省实验中学 2014 级学生、学生会主席唐笑薇同学在与学弟、学妹们的学习经验交流中提到：上课认真听讲是高中学习的关键；学会记笔记是学习的重要方法；重视理、化生的错题重做是重要手段。而应对政、史、地的有效学习方法则是充分利用课堂消化吸收其精髓，课间几分钟时间迅速整理好笔记，为自己的自主复习腾出不少时间。

在听取了学长的学法经验介绍以后，小豌豆很快就调整了自己的心态和学习方法。“凡事预则立，不预则废。”人生是一段旅程，高中就是这段旅程中最重要的一段，我们能不提前做好打算吗？计划学习就是对整个学习过程和学习策略进行管理，从而进行自主计划的学习，在学习中计划，在计划中学习，也就实现了有效的自我管理。谁准备得早，谁就将占得先机。

高中阶段的整体安排（建议）

表 2-1

计划时间	学习	信息搜集		注意事项
		专业	学校	
高一	1. 夯实学科学习基础 2. 探索适合自己的学习方法 3. 规范严谨，以高考的标准要求自己 4. 探索优势学科，准备选课	1. 了解各专业的发展前景 2. 了解专业设置	了解高校对于学科的要求，准备选课	1. 多向学长请教，注意发掘自己的潜力 2. 学会制订学习计划 3. 处理好学习和活动的关系
高二上	清楚把握自己各学科的优势与不足		了解具体的若干所学校专业设置的主要优势和劣势，教学特色等	1. 有竞赛潜力的同学应尽力争取，努力准备 2. 注意走班的浮躁
高二下	全力备战学考			1. 目标切实可行 2. 集中精力学习
高三上	1. 展开第一轮全面复习 2. 注意对自己的评估和反馈，力争每隔一段时间成绩上升一个档次	选择自己最有可能选择的几类专业，进一步了解	对学校的学费、地理位置、主要学科特色等进行了解	1. 高三是关键阶段，应该根据计划心无旁骛地学习 2. 坚持锻炼身体，保证营养和饮食起居的正常

续表

计划时间	学习		信息搜集		注意事项
			专业	学校	
高三下	二、三、月	继续综合复习提高成绩，对于尚有弱势的学科尤其要注意重点突破	初步确定自己的专业方向	初步确定自己的学校档次，对同档次的学校展开调查	1. 不能面面俱到，而要有所侧重 2. 对专业和学校档次的确定要根据自己的实际情况并预留调整的空间
	四、五、月	抓住几次模拟考试的机会，了解自己在本校和本地区的排名情况，确定自己的位置区间	了解和自己排名相近的同学所去的学校和专业	根据招生政策和招生计划的变动调整学校档次	
	六月	1. 参加高考并对自己的成绩进行预估 2. 等待成绩并填报志愿	1. 填报志愿 2. 寻找降低风险的途径	对目标学校进行调整，缩小范围，对几所学校进行重点评估，通盘考虑，确定最终的报考学校	1. 轻松应对高考 2. 抓住一切机会掌握一些志愿填报的技巧

课堂活动(一)

绘制你的生命彩虹图

著名职业生涯规划大师舒伯依照年龄将各人生阶段与职业发

展相配合，将生涯发展阶段分成成长、探索、建立、保持和衰退五个阶段，之后提出一个更为广阔的新概念——生活广度、生活空间的生涯发展观。这就是彩虹图，如图 2-1 所示。在生命彩虹图中，纵向层面代表的是纵观上下的生活空间，是由一些角色所组成。分别是：孩子、学生、休闲者、公民、工作者、持家者六个不同的角色。他们交互影响，交织出个人独特的生涯类型。

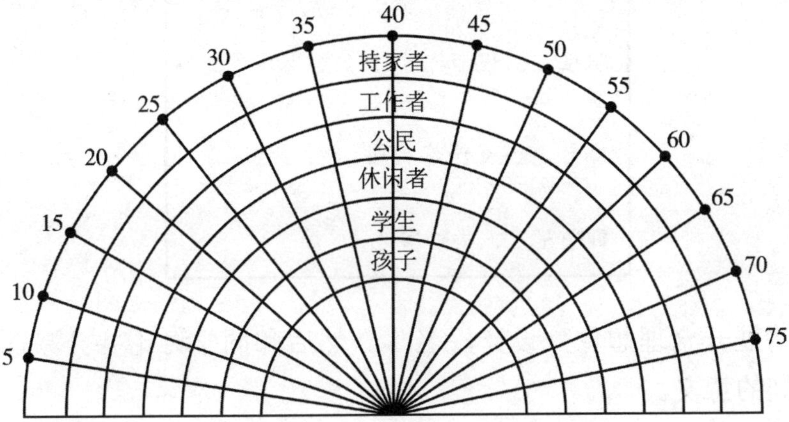

图 2-1　生命彩虹图

绘制彩虹图时在每一个阶段对每一个角色投入程度可以用绘制的面积来表示，绘制面积越多表示该角色投入的程度越多，空白越多表示该角色投入的程度越少。彩虹图的作用主要是对自身未来的各阶段进行调配，做出各种角色的计划和安排，使每个人都能成为自己的生涯设计师。

课堂活动(二)

案例： 我校一位优秀往届学生，自高二开始不明白学习的意义是什么，只好休学一年，看心理医生。

思考： 该案例中同学对意义的追求，你怎么看？你经历过意义追寻的困扰吗？

课堂活动(三)

名片设计：你希望自己10年后拥有一张什么样的名片？未来从事何种职业？在什么样的机构担任何种角色？

姓名　左小东

职位　工程师

公司　xxx 汽车公司

仰望星空，脚踏实地

请展开合理想像，设计好名片。然后和同学讨论并分享职业生涯规划的意义。

第三章 你了解自己吗?

一个麻省理工学院的数学教授在他所在院系的公布栏上写下一道他觉得十分困难的题目，希望他那些杰出的学生能解开答案。可是却无人能解。令人诧异的是，一个年轻的清洁工在打扫卫生时，发现并轻易地解开了这个难题——这是影片《心灵捕手》的开头的一幕。这个清洁工是一个什么样的人呢?既然拥有如此高的天分，可是为什么只是一名清洁工呢?在普通的表象之下，蕴藏的是怎样的一个灵魂呢?

作为一个鲜活的生命体，数学天才的价值体现在哪里?美国人本主义心理学家马斯洛说过:“心态若改变，态度跟着改变；态度改变，习惯跟着改变；习惯改变，性格跟着改变；性格改变，人生就跟着改变。”就让我们透过《心灵捕手》这部影片的主人公，来了解天地间那个独一无二的自己吧。

第1节 我的性格与气质

随着自我的调整，小豌豆很快适应了高中生活的快节奏，毕竟是自己一直向往的学校，学校在为学生提供丰富课程的同时，还有诸多的社团和丰富多彩的课外活动，体育节、科技节、读书节、艺术节……更是让人眼花缭乱，小豌豆在从容的应对中并没有迷失自己。一次偶然的机会，他看了《三傻大闹宝莱坞》这部电影，影片中三个主人公给他很大的冲击。同是一所大学毕业，三个好朋友却走出了不同的发展道路，这是因为他们的个性特点不同。“那么我是什么样的人呢？我的气质与性格类型又是什么样的呢？与未来职业选择有什么关联呢？”小豌豆想。

生涯故事

我是谁

有这样一个同学，生性内向，沉静，不爱说话，做事专注，在高考时填报了化学系。化学与实验密不可分，由于她的个性特点很适合做实验及数据整理和处理，因此她的实验成功率很高，老师也很赏识她。另一位同学同样学化学。他最初因为“喜欢看各种化学反应”而填报了化学系。但真的接触了化学这门学科后，他发觉化学需要持之以恒，做实验需要静下心，耐住寂寞。渐渐地，他开始排斥自己的专业，后悔当初草率地选择专业。仔细分析自己的性格，他发觉自己是个外向、爱社交、健谈的人，应该适合从事贸易型的职业。

一个人选择什么样的职业，常与他（她）本人的兴趣、性格、气质及能力等有密切关系。你应该根据自己的气质特点、性格类型，有针对性地选择适合自己的专业与职业，而不仅仅是基于兴趣而选择专业、职业。作为一名高中学生，你认识自己吗？

生涯知识

自我探索——性格

性格是人的态度和行为方面的较稳定的心理特征，是个性或是人格的重要组成部分。性格对人的事业具有重大影响。在选择专业之前，要了解自己的性格特点，知道自己的性格适合从事哪些职业，从而可以很好地帮助自己进行规划选择。

性格测验 MBTI

MBTI，全名 Myers Briggs Type Indicator，是人类性格的外在状态模式。MBTI 是当今世界上应用最广泛的自我评核的性格测试工具，能帮助你了解自己属于那种性格类别。这种理论可以帮助解释为什么不同的人对不同的事物感兴趣、擅长不同的工作、并且有时不能相互理解。

MBTI 人格共有 4 个维度，每个维度有 2 个方向，共计 8 个方面。见表 3-1。

分别是：

外向（E）和内向（I）

感觉（S）和直觉（N）

思考（T）和情感（F）

判断（J）和知觉（P）

表 3-1　　MBT18 个方面

外向型（E）！与他人在一起时感到振奋；希望成为注意的焦点；先行动，再思考；喜欢边想边说出声，易于被了解；愿与人共享个人信息；说的比听的多；热情地交流，反应迅速，喜欢快节奏；较之精深更喜欢广博。	内向型（I）！独自一人时感到振奋；避免成为注意的焦点；先思考，再行动；在脑中思考，注重隐私；只与少数人共享个人信息：听的比说的多：不把热情表现出来，思考之后再反应；喜欢慢节奏；较之广博更喜欢精深。
感觉型（S）！相信确定而有形的事物；喜欢具有实际意义的新主意；崇尚现实主义与常识；喜欢运用和琢磨已有的技能；留心特殊和具体的，喜欢给出细节，循序渐进地给出信息；着眼于现在。	直觉型（N）！相信灵感和推理；喜欢新主意和新概念，只出于自己的意愿；崇尚想象力和新事物；喜欢学习新技能，但掌握之后容易厌倦；留心普遍的和有象征性的，使用隐喻和类比，跳跃式的以一种绕圈的方式给出信息；着眼于将来。
思考型（T）！后退一步，客观地分析问题；崇尚逻辑，公正和公平；有统一标准，自然地发现缺点；有吹毛求疵的倾向，可能被视为无情、麻木、漠不关心；认为诚实比机敏更重要；认为只有合乎逻辑的感情才是正确的；受获得成就欲望的驱使。	情感型（F）！向前看，关心行动给他人带来的影响；注重感情与和陸，看到规则的例外性；自然地想让别人快乐；易于理解别人，可能被视为过于感情化、无逻辑、脆弱；认为诚实和机敏同样重要；认为所有感情都是正确；无论有意义与否，受驱使与被人理解的驱使。
判断型（J）！做完决定后感到快乐；具有“工作原则”；先工作再说；确立目标并按时完成任务；想知道自己的处境，着重结果；通过完成任务获得满足；把时间看成有限的资源，认真对待时间期限。	知觉型（P）！因为保留选择的余地而快乐；具有“玩的原则”；先玩再工作；当有新的情况时，便改变目标；喜欢适应新环境，着重过程，通过着手新事物而获得满足；把时间看成无限的资源，认为时间期限是活的。

每个人的性格都落足于四种维度里，我们把每个维度的两端称作“偏好”。例如：如果你落在外向的那一边，那么就可以说你具有外向的偏好。如果你落在内向的那一边，那么就可以说你具有内向

的偏好。

由这 4 大类再演变及配搭出 16 种外在状态模式，见表 3-2。这 16 种模式包括了人类的所有行为。16 类型包括：① ESTJ 大男人型；② ESTP 挑战型；③ ESFJ 主人型；④ ESFP 表演型；⑤ ENTJ 将军型；⑥ ENTP 发明家；⑦ ENFJ 教育家；⑧ ENFP 记者型；⑨ ISTJ 公务型；⑩ ISTP 冒险家；⑪ ISFJ 照顾型；⑫ ISFP 艺术家；⑬ INTJ 专家型；⑭ INTP 学者型；⑮ INFJ 作家型；⑯ INFP 哲学家。以上 16 种类型各有优点及缺点，没有绝对的好或差。

表 3-2　　MBTI 16 种性格类型的职业倾向

ISTJ	ISFJ	INFJ	INTJ
·管理者 ·行政管理 ·执法者 ·会计 或者其他能够让他们可以利用自己的经验和对细节的注意完成任务的职业	·教育 ·健康护理（包括生理、心理） ·宗教服务 或者其他能够让他们运用自己的经验亲力亲为帮助别人的职业，这种帮助是协助或辅助性的	·宗教 ·咨询服务（包括个人、社会、心理等） ·教学／教导 ·艺术 或者其他能够促进他们情感、智力或精神发展的职业	·科学或技术领域 ·计算机 ·法律 或者其他能够让他们运用智力创造和技术知识去构思、分析和完成任务的职业
ISTP	**ISFP**	**INFP**	**INTP**
·熟练工种 ·技术领域 ·农业 ·执法者 ·军人 或者其他能够让他们动手操作、分析数据或事情的职业	·健康护理（包括生理、心理） ·商业 ·执法者 或者其他能够让他们运用友善、专注于细节的相关服务的职业	·咨询服务（包括个人、社会、心理等） ·写作 ·艺术 或者其他能够让他们运用创造和集中于他们的价值观的职业	·科学或技术领域 或者其他能够让他们基于自己的专业技术知识独立、客观分析问题的职业

续表

ESTP	ESFP	ENFP	ENTP
•市场 •熟练工种 •商业 •执法者 •应用技术 或者其他能够让他们利用行动关注必要细节的职业	•健康护理（包括生理、心理） •教学 / 教导 •教练 •儿童保育 •熟练工种 或者其他能够让他们利用外向的天性和热情去帮助那些有实际需要的人们的职业	•咨询服务（包括个人、社会、心理等） •教学 / 教导 •宗教 •艺术 或者其他能够让他们利用创造和交流去帮助促进他人成长的职业	•科学 •管理者 •技术 •艺术 或者其他能够让他们有机会不断承担新挑战的工作
ESTJ •管理者 •行政管理 •执法者 或者其他能够让他们运用对事实的逻辑和组织完成任务的职业	**ESFJ** •教育 •健康护理（包括生理、心理） •宗教 或者其他能够让他们运用个人关怀为他人提供服务的职业	**ENFJ** •宗教 •艺术 •教学 / 教导 或者其他能够让他们帮助别人在情感、智力和精神上成长的职业	**ENTJ** •管理者 •领导者 或者其他能够让他们运用实际分析、战略计划和组织完成任务的职业

思考：请分析你的职业特质____________________。

乔哈里视窗

所谓的乔哈里视窗实际上是一种关于沟通的技巧和理论，也被称为“自我意识的发现——反馈模型”。这个理论最初是由乔瑟夫和哈里在 20 世纪 50 年代提出的。视窗理论将人的内心世界比作一个窗子，它被分为 4 个区域：开放区、隐藏区、盲目区、未知区。有效沟通就是这 4 个区域的有机融合。

在开放区，是自己知道、别人也知道的信息。在实际工作的人际交往中，共同开放区越多，沟通起来也就越便利，越不易产生误会，在盲目区，是自己不知道、别人却可能知道的信息。在隐藏区，是自己知道、别人却可能不知道的秘密。在有效沟通中适度地打开隐藏区，是增加沟通成功率的一条捷径。在未知区是尚待挖掘的黑洞，也许通过某些偶然或必然的机会，得到了别人较为深入的了解，自我认识也不断地深入，人的某些潜能就会得到较好的发挥。

你的乔哈里视窗是怎样的？将信息填入表 3-3 中。

表 3-3

开放区：	隐藏区：
盲目区：	未知区：

课堂活动(一)

1. 根据 MBTI 性格知识，思考你的性格类型是什么？在 4 个维度上的具体表现是什么？

2. 与小组成员讨论并分享自己的性格类型，谈一谈自己的收获。

课堂活动(二)

思考：分析下面 4 个案例的维度倾向。

案例一：________（内向型 or 外向型）

案例二：________（感觉型 or 直觉型）

案例三：________（思考型 or 情感型）

案例四：________（判断型/目标 or 知觉型/过程）

案例一：

·比较喜欢和朋友出去玩儿。朋友遇到问题时，喜欢帮助他们。喜欢跟他们聊天

·帮助别人解决问题，很有成就感。大多数是帮助别人解决心理层面的问题。

·帮一位得了抑郁症的要好的朋友疏导。

·或许只是对于关系特别好的朋友，会想一些方法。对一般朋友，可能没有那么上心。

案例二：

·只想事情大体怎么做，细节有时候会欠考虑。如果哪次考试没考好，准备下次努力，不会制订计划，只会等老师的小测试去发现不足。

·准备出国留学，计划先读完雅思，再读预科，再上大学。细节没有落实。

·做数学题，想一些新的方法。出去玩儿，想一下玩儿什么，遇到了问题，想办法克服困难。

案例三：

·情绪化，有时候会因为一些感情干扰判断。

·比方说，我是班干部，有同学违反纪律，但因为我和他关系好，所以就不愿意把他的错误告诉老师。

案例四：

·不喜欢目标性强的职业，不喜欢被计划束缚的感觉。

·数学做辅助线，会从多个位置考虑辅助线。

·每次和同学出去玩儿都拍照片，我就喜欢拍有意思的照片。

·考试，具体到哪科，哪个环节，都没有计划性，也没有主动性。

分享：和你的小组成员讨论，你的生活和学习中有哪些细节和行为表现？

生涯知识

自我探索——气质

气质是人的个性心理特征之一，它是指在人的认识、情感、言语、行动中，心理活动发生时力量的强弱、变化的快慢和均衡程度等稳定的动力特征。主要表现在情绪体验的快慢、强弱、表现的隐显以及动作的灵敏或迟钝方面。它与日常生活中人们所说的“脾气”“性格”“性情”等含义相近。人的气质本身无好坏之分，但气质却能影响一个人的工作效率。

人的气质有 4 种典型类型：多血质、胆汁质、黏液质和抑郁质。纯属单一类型的人极少，大多数人属于混合型，但有所侧重。每一种气质类型都有积极和消极两个方向，在这种情况下可能具有积极的意义，而在另一种情况下可能具有消极的意义。气质的特点将在很大程度上反映出一个人是否适宜从事某种职业，如果你了解自己的气质特点，将为你选择专业提供重要参考。

多血质——活泼好动，敏感，表情外露，反应迅速，善于交际，适应性强；但注意力容易转移，兴趣容易变换，做事缺乏持久性。（活泼型）

胆汁质——直率、热情、精力旺盛、勇敢积极，有魄力、坚韧不拔，敢于承担责任；但情绪容易激动，脾气暴躁，表情明显外露，过分自信，有时独断专行，影响人际交往。（兴奋型）

黏液质——安静、稳重、沉着，善于忍耐，但沉默寡言，情绪不易外露，反应较慢，不够灵活，因而比较固执，不容易接受新生事物，不能迅速适应变化的环境。（安静型）

抑郁质——细心、谨慎，感情细腻深刻，想象丰富，善于觉察到

别人不易察觉的事物，但较孤僻，多忧思，心地狭窄，疑虑重重，行动迟缓，缺乏果断，经不起强烈刺激和猛烈打击。（抑郁型）

在你对号入座的时候，要记住：

提示 1：气质在个性结构中先天成分较多，但它的可塑性很大。

提示 2：教育和社会实践是青少年改造气质消极面，完善优点的必要途径，只有投身于社会大课堂，在各种实践中学会认识自我，正确评价自我，就一定会有个好气质。

提示 3：一般情况下，一个人不会纯粹地属于某种气质类型，也许是某一类型为主，兼有其他类型。

提示 4：随着年龄的增长，生活方式的变化以及自我教育，气质类型的某些特点常会为另一些特点所掩盖，并向好的方面转化。

提示 5：任何气质类型对人的行为、活动的效率都有影响，气质中消极的情绪甚至起破坏作用。

气质与职业

不同气质的人工作效率是有显著差别的。每种气质类型有其自身的职业适应性，当然，从事某一类职业活动者往往能表现出某一些共同的气质特征。在所适应的职业领域中，不同的气质类型者可以扬长避短，适应并完成一定的工作。

1. 多血质与职业

多血质人对自己充满信心，有较强的活动能力，喜欢体验和锻炼。他们重大局，不贪小利，不感情用事。这是多血质人的长处。

可适应的职业有政治、外交、商贸、律师、驾驶员、运动员、记者，警察、侦探、政治辅导员等。多血质人对于新环境适应能力较强，对人都能坦诚相待；他们能适应社会的进步，以发展的眼光进行谋划和设计。他们对经商、计划、广告一类职业的适应性很强。

2. 胆汁质与职业

胆汁质人相信实实在在的实业，不相信虚的东西。从职业的角度看，胆汁质人比其他气质的人要自由，对周围发生的事能冷静对待。

胆汁质人比较适宜做导游、记者、主持人、作家、外事接待员、监督员、演员、消防员、图案设计师、实业家、护士、企业中外勤工作、业务员、营销员等外向型的职业。他们不拘于眼前的胜负，而专注于行动，热情地向自己的权限挑战。胆汁质的人一旦就业，往往对本职工作不那么专注，喜欢跳槽，经常更换工作单位，渴望成为自由职业者。在体育界，胆汁质人也比较活跃。

3．黏液质与职业

黏液质人的出色之处是他们中大多数人都能很好地利用协调性、积极性、社会性及感情稳定性表现自己的才能，发挥出卓越的能力。黏液质人聪明，能力强，处世精明，有出类拔萃的情报搜集能力。他们不仅能从事学术、教育、研究等内向型的职业，而且也可以活跃在政治、外交、商贸、律师等外向型职业领域。他们当中，以其独特才能驰骋在创作、艺术、服装设计、广告宣传、新闻报道领域的优秀分子也不少。他们对工作岗位的适应性也很很强。

适合的职业有：医生、法官、管理人员、会计、出纳员、播音员、秘书、办公室职员、翻译员、档案管理员、统计员、打字员、纺织工、印刷工、机床工等。

4．抑郁质与职业

抑郁质人有孤独倾向，遇事不是单凭聪明去处理，而是把自己所掌握的工作内容在头脑中组合、计算，确定方针，然后在这个范围内一个一个地去做，把问题处理好。在团体中表现积极，做事认真，毫不懈怠，喜欢与团体在一起，富有协调精神，无论置身于什么样的岗位，都能以工作为荣，努力解决因不太适应而造成的困难。这是抑郁质人的长处。

他们做企业一般的事务管理人员、记账、资金、统计、工资管理、教育培训等工作比较容易成功，也适合化验员、实验工作者、自然科学研究者、保管员、机要秘书、刺绣工作者、校对等。

混合气质与职业分析举例

1. 如果是胆汁质—抑郁质—黏液质混合型，而且胆汁质的高些，适合的就业方向是什么？

分析：从气质类型上看，精力比较好，也比较容易冲动，而且自控方面比较欠缺一些，还具备一定的内倾性。选择职业时，导游、营销、主持、秘书等都是不错的选择。当然不限于此，类似的可选择的职业还有很多。

2. 如果是多血质—黏液质—抑郁质混合型，适合的就业方向是什么？

多血质的人一般比较容易与别人沟通，相对外向和活泼，但是因为你有黏液和抑郁的影响，猜想你可能在外向的外表下面有一颗敏感的心，很多东西藏在心底，没有或不大愿意表露出来，当然这样的敏感有好处也有坏处，关键要看你如何分配和表现。如果是这样，建议你勇敢地适当地表现自我，自信一些，乐观一些，也许你会更好！

课堂活动（三）

很久很久以前，在奥兹王国，四个完全不同的小伙伴开始了一段奇特而又危险的旅途。他们每个人都缺失了本性中一种十分重要的组成部分，所以他们想找到伟大的奥兹，以求得到他的帮助。

狮子缺少勇气。尽管表面上他强壮有力，威风凛凛，可实际上却生性懦弱，而且缺乏自尊。他想要奥兹帮他找回勇气。他说："只要一想到自己是个胆小鬼，我就怎么也高兴不起来。"

桃乐茜则担心自己找不到回家的路。"多多，"她对自己的小狗说，"我想我们恐怕再也回不到堪萨斯了。"虽然她并没有完全地迷失方向，但是桃乐茜却感到很无助，很孤单。她想让奥兹把自己送回到叔叔和婶婶的那个安全的农场里。"没有什么地方能像家一样美好。"她说。

铁皮伐木工认定自己把心给弄丢了。脆弱而敏感的他觉得自己已经被铁锈所侵蚀，失去了爱的能力。他想让奥兹帮他找回那温暖而充满了爱意的心脏，让他感受到心脏在胸腔里跳动的滋味。他说："没有谁会爱上一个没有心的人。"

稻草人和他们不一样，他觉得自己没有脑子。虽然他是这四个旅行者当中最心灵手巧的一个，但是他始终觉得自己无知且无用。所以，他想让奥兹把自己变得聪明一些。"脑子是这个世界上最值得拥有的一件东西。"他是这样认为的。

思考：上述故事摘自《绿野仙踪》，请分析上述四个故事中人物的气质类型。

分享：和你的小组成员讨论，缺少勇气、渴望家的安全感、心灵空洞、头脑不聪敏分别属于哪类气质类型？

课堂活动(四)

MBTI 的 16 种性格可以划分为 4 种基本性格类型：NT、NF、SJ、SP，让我们现在就来熟悉一下这 4 种基本性格类型吧。

NT 和 NF 都习惯用直觉来解读这个世界，但是 NT 更喜欢用客观分析来做出判断，而 NF 更在意主观感受且力求和谐。

SJ 和 SP 都习惯用感觉来观察生活，SJ 喜欢井然有序规范化的世界，而 SP 追求留有余地宽松、自由的生活方式。

思考：你是什么性格气质类型？和你的小组成员讨论并分享。

SJ 合法主义者 / 维护者

优势：

(1) 实际、有条理、认真仔细。

(2) 注重规则、政策、契约、例行习惯和时间要求。

(3) 一旦承诺做一件事情，总会坚持完成。

(4) 在跟进、规范方面做得很好。

(5) 以第一次和每一次都做了正确的事情为荣。

(6) 对需要注意的事情有敏锐的洞察力。

潜在的弱点：

(1) 容易只看到事情有黑和白两种情况，而看不到中间的灰色地带。

(2) 可能不能很快地做出改变和适应。

(3) 有些人会不擅长变通，缺乏想象力。

SP 现实主义者 / 工匠

优势：

(1) 对人、事敏锐，能够迅速地发现并抓住机会。

(2) 思维敏捷，反应迅速，善于随机应变，能够发现突然出现的问题，并快速找到解决的办法。

(3) 不害怕冒险，不墨守成规，有创新精神。

(4) 常常善于使用工具和乐器等对操作技术准确度要求高的器物。

潜在的弱点：

(1) 做事随意，不能很好地遵循已经制订的规则，有时候甚至会刻意逃避。

(2) 不擅长计划，有时候会在没有准备好的情况下贸然行动。

NF 通情者 / 理想主义者

优势：

(1) 对别人的情绪敏感，能理解、体会别人的心情。

(2) 善于安慰、鼓励别人，对文字、语言敏感。

(3) 善于分析、总结。

(4) 善于从整体上把握事物。

(5) 能理解复杂的理论概念。

(6) 善于从事件中推断出原则，并擅长策略性思维。

潜在的弱点：

(1) 有仅仅从个人好恶和价值观的角度判断事物的倾向，而且常希望别人也这么做。

(2) 容易因别人的问题困扰自己。

(3) 有时候过于理想化，不务实。

(4) 不是很善于管束他人，不擅长批评，有为了和睦而牺牲自己的倾向。

(5) 有时候比较情绪化。

NT 理性主义者 / 分析者

优势：

(1) 善于分析、总结、判断。

(2) 善于从总体上把握事物。

(3) 抽象思维能力强，能理解复杂的理论概念，善于将事情概念化，善于从中推断出原则或预测趋势。

(4) 擅长策略性思维。

(5) 会接受建设性的批评，而不把它当作针对个人的问题。

(6) 对文字、语言敏感。

潜在的弱点：

(1) 有时会给自己定不切实际的标准。

(2) 容易苛责他人，有时候甚至让人感到冷漠和不近人情。

(3) 不喜欢别人违背自己的意愿，有时候会显得顽固死板，刚愎自用。

(4) 过于强调工作，而忽略家庭的和谐。

(5) 容易忽视夸奖和鼓励下属。

第 2 节 我的价值观

职业价值观是职业人生的方向标，它的确定无论是对个人还是对社会都至关重要。职业价值观是受一个人对各种职业价值的基本认识和基本态度，它表明了一个人通过工作所要追求的理想或者是为了钱，或者是为了权力，或者是为了一种情感关系，等等。职业价值观的形成受个人的先天条件和后天经历的影响，因此，每个人都有自己的价值观和价值观体系。在同样的客观条件下，具有不同价值观和价值观体系的人，其动机模式不同，产生的行为也不同。

生涯故事

他是哥伦比亚大学学士，哈佛大学硕士，在华尔街工作 10 年，27 岁就当上了瑞士某银行联席董事，2 年后，成功上任法国一家银行副总裁。他出入上流社会，和洛克菲勒的曾孙女喝下午茶，受白先勇之邀，与林青霞一起听曲。他过着优越、富足、有品位的生活。就在他离梦想成为“华尔街最出色的银行家”只有一步之遥时，他突然辞职了，去过上了另外一种生活——深入河南艾滋病村，救助孤儿和老人。

这位从华尔街走出的慈善家叫杜聪，香港人。他小学在教会学校念书，初中时和爸、妈一起移民到了美国。他的实力碾压一切，成为美国华人精英。

1996 年，一个偶然的机会，他被民间防艾第一人高耀洁带到了河南艾滋病村。在这里，他发现几乎每 10 个人中就有 4 ~ 6 个感染了艾滋病。阴暗破陋的屋子里，病人躺在床上奄奄一息，疱疹、腹泻及发烧，缺少药品，买不起药，病人痛苦地呻吟着，有些身上已经溃烂，散发着恶臭。一个个生命就这样毫无尊严地死去。

面对眼前的“人间地狱”，一连好几个月，杜聪常失眠，噩梦缠身，夜半哭醒，有时白天无故哭泣。他开始正视自己，拷问自己，反思生命，最后顿悟："浮生若梦，行大爱才是真谛。"

杜聪放下别人羡慕的锦绣前程，做起了公益。看到儿子"犯傻"，妈妈崩溃地说："我供你读哈佛，不是让你出来做义工的。"亲朋好友也很困惑，大家都觉得阿聪中了邪，世间那么多苦难不幸的人，救得过来吗?

面对亲朋好友的质疑和责难，杜聪却说："将来的事我看不见，现在的事，我不能看见了不管。"即使"比以前更忙，一文不挣，全年无休"他却一做就是20年。艾滋病人最大的遗愿，就是希望子女能够读书，接受教育。一次，病危的母亲拉着杜聪的手乞求："我不行了，希望你能照顾我的孩子，拜托你了。如果有人愿意资助孩子读书，那我就死得安心了。"杜聪说："你放心，我会照顾你的孩子，让他读书！"

资助艾滋遗孤几年后，杜聪发现生活在艾滋阴影下的孩子们有很明显的心理疾病，或低眉缩首，或沉默不语，或怒目而视，越长大这种症状就越明显。后来，杜聪就想了个办法：把每年资助的大学生暑期送回老家，一家一户地去说：我也是这个村子长大的，我家人也患有艾滋病，你也可以像我一样，也可以上大学，将来过好日子，不要放弃你自己。知识可以改变命运，要好好读书。这些大学生已经很阳光很正面，回去跟这些中小学生说，他们也真的就看见自己的希望了。

随着资助的孤儿越来越多，自己的钱就不够用了。杜聪有想过募捐，这是最快的方法，但不能持久。有一个叫雅高酒店集团的企业想捐20万给他，却被拒绝了。杜聪说：如果你捐了20万给我们，发一下学费就没有了，明年我还得问你要钱。那还不如将这20万做一个社会企业的投资，帮我们建一个环保袋工厂。因为杜聪发现，这家企业有100多家酒店，日均3万多个客房订单，如果每个客房放一个环保袋，一天至少有3万件的销售业绩。钱投进去了，现在每年可以创造300多万营业额。做慈善，要像种一棵苹果树，不断有苹果长出来，有苹果吃。

如今，杜聪一共资助了2万个孩子，其中有2500多名考上了大学，还有不少是名牌大学，还有的去了美国念书。不少孩子兴趣点不在读书，杜聪便资助这些孩子去技校学手艺，有了一技之长，就能够独立生活。有的去“海上青焙坊”学习烘焙，毕业后进入五星级酒店工作，表现出色，还留学法国。学医的偶尔回来监督杜聪控制血糖。曾经上不了学的如今学成回乡创业，帮扶受艾滋病影响的老乡。

杜聪没日没夜地做了20多年救助工作，孩子们也都长大了，开始陆续地结婚成家，他时常会被请来做证婚人。对没有亲生儿女的杜聪来说，能看到他们成家立业，过上温暖的生活，是一件比做银行家更有成就的事情。常年在外奔波，全年无休的高负荷工作让他患有严重的高血糖和高血压。很多人问他会不会放弃救助孤儿，杜聪情绪激动地说：“成功”一词，在如今社会被定义得世俗狭隘，金钱、地位、荣誉，没有得到的拼命追求，已经得到的还想得到更多，而这些都会随着生命的殆尽而消失。浮生若梦，行大爱才是真谛。

从上面的故事中，你体会到了什么？从价值观的角度谈一谈你的看法吧。

____

____

生涯知识

俗话说：“人各有志。”这个“志”表现在职业选择上就是职业价值观，它是一种具有明确的目的性、自觉性和坚定性的职业选择的态度和行为，对一个人职业目标和择业动机起着决定性的作用。理想、信念、世界观对于职业的影响，集中体现在职业价值观上。

舒伯15种职业价值观：

1. 帮助他人——能让你为了他人的福利做贡献的职业。

2. 美的追求——使你能够制作美丽的物品并将美带给世界的职业。

3. 创造发明——能使你发明新事物、设计新产品或产生新思想的工作。

4. 智性激发——能让你独立思考、了解事物怎样运行和作用的工作。

5. 成就满足——能让你有一种做好工作的成功感，重视成就的人喜欢能给人现实可见的结果的工作。

6. 独立自主——能让你以自己的方式去做事的工作。

7. 名誉地位——让你在别人的眼里有地位、受尊敬、能引发敬意的工作。

8. 管理权力——允许你计划并给别人安排任务的工作。

9. 经济回报——报酬高、使你能拥有想要的事物的工作。

10. 安全稳定——不太可能失业，即使在经济困难的时候也有工作。

11. 工作环境——在怡人的环境里工作（不太冷也不太热，不吵闹也不脏乱），环境或工作的物质条件对某些工作者来说是很重要的，他们对于相应的工作条件比工作本身更感兴趣。

12. 上级关系——在一个公平并且能与之融洽相处的管理者手下工作，和老板相处融洽。

13. 同事关系——能与你喜欢的人接触并共事。对某些人来说，工作中的社交生活比工作本身要重要得多。

14. 生活方式——工作能让你按照自己所选择的方式生活，并成为自己所希望成为的人。

15. 多样变化——在同一份工作中有机会尝试不同种类的职能。

将舒伯的价值观进行归纳合并，可以得到价值观自我超越、自我提升、拥抱变化、遵从四大类，博爱型、仁慈型、传统型、安全型、权力型、成就型、精彩型、自主型八小类价值观类型，每种类型的表述见图 3-1。

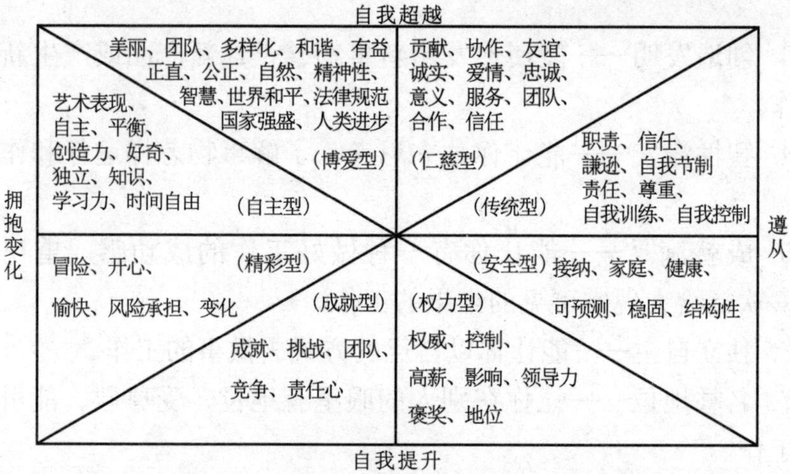

图 3-1　价值观类型

课堂活动(一)

★参照八种价值观分类，请选出你最看重的价值观大类____。

自我超越　自我提升　拥抱变化　遵从

★请选出你最看重的价值观小类____________。

博爱型　仁慈型　传统型　安全型

权力型　成就型　精彩型　自主型

★请选出你最看重的五个价值观（按重要程度排序）：____。

★请选出你最不看重的五个价值观（按不重要程度排序）：____。

课堂活动(二)

价值观拍卖

假设你正在参加一次有关工作、生活价值观的拍卖活动。所有拍卖物品的底价都是500元，每次竞拍报价需要以至少100元，但是不超过1000元的幅度上升。每种物品只能由一个人获得。现在你手里有5000元。请浏览以下拍卖品清单，然后决定你将如何参与竞拍，并填入表3-4、表3-5中。请把握好这一次机会！

表3-4

生活价值	为此项分配的金额	最高报价	成交价
家庭			
健康			
自由			
安全感			
成功			
爱			
和谐			
探险			
自然			
创造价值			
信仰			

表 3-5

工作价值	为此项分配的金额	最高报价	成交价
物质保障			
成就			
名誉			
独立自主			
服务他人			
多样性			
创造性			
挑战性			
人际交往			
担负责任			
发展与成长			

请列出你最想购买的物品以及你愿意为之付出的最大金额，将其填入表 3-6 中。

表 3-6

价值	最高报价

课堂活动(三)

假设你驾驶着热气球，满怀期待地开始了职业之旅

舒伯的15种职业价值观，就是15件重量相同的珍宝，在这趟漫长的旅途中，你可以选择5件你最想要的、对你来说最重要的珍宝同行。

最重要的5件：__________、__________、__________、__________、__________。

旅途有时不是一帆风顺的。突然，狂风把热气球吹离了航线，要抵达目的地，就需要比原计划多走一些弯路。于是，你不得不扔掉2件珍宝，以减轻重量，节省燃料。被舍弃的2件珍宝将从你的职业之旅中完全消失。经过深思熟虑，你决定留下对你最重要的3样珍宝。

最重要的3件：__________、__________、__________。

终点已经出现在视野中，然而这时又突然下起了冰雹，气温骤降，热气球出现破损。为了抵达终点，你必须再扔掉2件珍宝，只能留下最重要的1件。你终于作出了艰难的决定，留下对你最重要的1件珍宝。

最重要的1件：__________。

分享：

1. 说一说你为什么会留下这一种职业价值观？它的重要性是什么？

2. 最让你纠结难舍的是哪个选项？你为什么最终放弃了它？

课堂活动(四)

人物的价值观分析

案例一：

特工曾爆料，想见希拉里的人，都要先过胡玛这一关。很多时候，从胡玛口中说出来的话，就相当于是希拉里说的。能让老板如此信任，胡玛靠的绝对是实力！

胡玛·迈哈姆特·阿贝丁，1976年出生在美国密歇根州，2岁时跟父母移居沙特，后来回到美国读大学，毕业于乔治华盛顿大学，离白宫只有几个街区。这个学校盛产政界和商圈大腕，很多毕业生都是去政府部门工作。19岁那年，胡玛也被分配到了白宫实习，而他的第一个老板就是希拉里！

在白宫一直有个说法，遇上希拉里的实习生一般干不过俩月，就会被吓跑。第一夫人不仅是一个特别挑剔的工作狂，脾气还火爆，疑心重。有一次因为怀疑开车的特工在偷听她打电话，便对这名特工怒吼，甚至随手将一本书砸向特工的后脑勺。

遇上如此难搞的老板怎么办？

第一招：拼命工作，比老板还要拼命。

996（早上9点上班，晚上9点下班，一周工作6天）的工作时间哪够，为了能给希拉里创造更多的价值，她几乎是7×24个小时全程在线。

只有和老板多在一起，才会有默契。Boss一个小眼神，她立马就能心知肚明。

第二招：自动自发，不要事事等人交代。

单单只是工作狂，Boss只会把你当作机器，信任得从心开始。胡玛用拼命三郎的工作态度，换来希拉里的好感后，随即开展更高端的情感攻势。

如果屋里空调太冷，胡玛一定是第一个给希拉里找披肩的人。

如果希拉里声音哑了，她一定马上递上一杯水。

有一次，希拉里仅仅是因为不会用传真机，就语带愤怒地给胡玛发邮件。结果胡玛在回信中，不光教会希拉里怎么用传真机，顺便还点赞了 Boss 去阿富汗穿的一件外套。就这样，胡玛惦记着一切大事小事。有人说希拉里若是没了胡玛，连门都不会出。

第三招：超强的背景和过人的能力。

如果说前两招谁都能学得来，那这最后一招就非胡玛莫属了。胡玛 2 岁时，一家人迁往沙特阿拉伯，她父亲在阿卜杜勒·阿齐兹大学创建了一个研究穆斯林少数族裔的智库。因为有这种背景，所以胡玛会说一口流利的阿拉伯语，对中东和穆斯林事务也都有很深的了解。她一进白宫当实习生，很快就成了希拉里在伊斯兰事务上的顾问，常常为克林顿演讲提供建议。这不光赢得了希拉里的信任，也让总统克林顿对她信任有加。

希拉里甚至说："我只有一个女儿，但如果有第二个，一定就是阿贝丁。"和胡玛在一起时，亲生女儿都被希拉里抛到了脑后。2010 年胡玛大婚，婚礼都是克林顿亲自主持。

希拉里曾经这样评价胡玛："她拥有 20 岁女性的活力、30 岁女性的自信、40 岁女性的老练和 50 岁女性的优雅。她在我的团队工作了多年，我感觉很幸运。"

能让希拉里这样的 boss 说这种话，胡玛真的不容易。胡玛从一个实习生，成长为第一夫人最信赖的心腹，堪称现实版《职场教科典范》：

勤恳敬业，拼命努力；

自动自发，积极进取；

当然最重要的还是：

发自内心的忠诚和热爱！

案例二：

1966 年，47 岁的他离开了举世闻名的加州理工大学航空系，来到刚成立不久的圣迭戈分校。他是《Theory of Aero-elasticity》（《空气弹性力学》，气动—弹性力学领域的经典）的作者，也是世界上最优秀的航天航空研究者之一，更是开启现代力学研究之门的“生物力学之父”。他的华丽转身被许多科学家称作“最完美的转身”，转身前是国际知名航天专家，转身后却成了生物力学学科创始人。他就是冯元桢，六院院士，一位充满了传奇色彩的科学家。

1919 年，冯元桢出生于江苏常州的一个书香门第。他的父亲是一位画家，从小便鼓励他学习工科知识。那是个战火纷飞的年代，军阀混战、日寇侵华……冯元桢的少年时代笼罩在战争的阴影之下。

1937 年，他高中毕业，只身一人来到上海参加大学入学统考，而这一年的 7 月 7 日，发生了卢沟桥事变，和无数的热血青年一样，冯元桢希望能学习到更先进的知识，还击入侵者。一张写着新增中央大学航空学系的布告吸引了他的目光，他毫不犹豫地报了这个系，成为中国第一批航空系的学生。

1944 年，美国提供了一份奖学金，资助 20 名中国学子赴美留学，此时已是航空工程学硕士的冯元桢凭优异的成绩拿到了奖学金，他兴冲冲地告别父母，远渡重洋。可 1945 年“二战”结束，他只能乘船前往美国。由于海途延误，等他来到加州理工大学，已经是第二年的 1 月份，校方遗憾地告诉冯元桢，他的奖学金已经转赠他人。高昂的学习及生活费用给了冯元桢很大的压力。眼看留学的希望就要落空，幸好一位航空系的教授给了他一个实验室助理的职位。在这位教授的帮助下，他顺利完成了学业。两年后，他拿到了加州理工大学航空工程与数学博士学位，成绩优异的他，留在了加州理工大学任教。

1940 年 11 月 7 日，刚建成四个多月的塔科马海峡吊桥断裂倒塌，举世震惊。冯元桢对此现象感到无比的好奇，风是如何将一座固若金汤的吊桥在那么短的时间内摧毁的？在没有人支持的情况下，冯元桢利用学校里一个闲置的风洞做起了实验。

1955 年，他出版了专著《Theory of Aero-elasticity》，一举成为航天航空领域的佼佼者。这一年，他 36 岁。这时候的冯元桢是航空领域的知名学者，加州理工大学教授，还有贤惠的妻子和可爱的孩子，如果照现在的说法，他已经可以说是人生赢家了。

可就在他 38 岁那一年，一件事情改变了他的整个学术生涯。1957 年，冯元桢来到德国哥廷根大学休假，这是个十分自由的学术圣地，以数量丰富的藏书闻名世界，就在冯元桢沉浸于哥廷根大学的知识海洋中的时候，一个不幸的消息传来。他的母亲生病了，远在异国他乡的冯元桢十分担心母亲的病情，他整天泡在哥廷根大学的生理学图书馆中阅读生理学著作，还把查阅到的资料寄给了国内给母亲治病的大夫，他希望自己的研究可以对母亲有所帮助。

在阅读生理学著作的过程中，冯元桢看到了一般生理学家没看到的那些东西。他想，在人体运动、血液循环这些生理活动的过程中，力的作用都是不可或缺的，那是否能通过对生物体内的力学研究来分析疾病的产生机制，从而为疾病的预测和治疗提供帮助呢？这，是个从未有人涉足过的领域，就像可可西里的无人区．神秘而充满了吸引力。

回到加州理工大学，冯元桢决心将力学与生物学结合起来研究，开辟出一条新的道路，而此时他已近中年。在此之前，冯元桢对生理学完全一窍不通。他不知道人体的解剖结构，不知道生理现象，不知道医生对什么问题感兴趣。周围的人知道了他的想法后也不禁说道："这样的研究有什么价值和意义呢？"可在冯元桢看来，年龄并不是大问题，兴趣才是支持他研究下去的动力。既然没有基础，那么找个学生理学的好朋友一起学习或许是最好的方法。幸运的他找到了两个好搭档，他们是十分优秀的生理学家，冯元桢一边向他们请教生理学知识，一边学习解剖实验的做法。

可当冯元桢想进一步开展实验时，另一个绕不开的问题又来了——科研经费。任何研究的深入都需要大量的经费支持，不然是无法进行下去的。这时，已经47岁的冯元桢作出了一个令所有人瞠目结舌的决定——从加州理工大学航空系辞职。他成为第一个也是唯一一个从这个系离开并转行的人。

接下来的日子里，冯元桢全心全意投入了生理学与力学的交叉领域的研究。他经常凌晨2点多就起床工作，每天工作十几个小时。他的好友中国爆炸学家郑哲敏说："他是很勤奋的，经常看到他在家里哪怕一只手抱着孩子，另一只手也拿着资料在看。"每到周六，他和同事都早早地起床，摸黑开着车前往离家几百公里的医院听病例讨论会。他说："只有了解医生们发现的实际问题，才能知道研究应该从何处入手。"

冯元桢最初的研究是从血液流动动力学入手，在他的实验室中，挂着一张人体肺部血管图，这是他最得意的作品。在没有这张图之前，医生们并不知道人体肺部的血管分布情况，人体内的循环可以分成体循环和肺循环。肺循环在机体内所占的空间很小，但其血流量与体循环基本相同，肺循环中的毛细血管分布十分广泛，微动脉呈多向分布，形成多个肺泡毛细血管片。通过传统的解剖学手法，很难将肺部血管的分布弄清楚，可是肺部血管受力异常，可能会引起一种极为严重的疾病——肺动脉高压。冯元桢通过建立肺毛细血流片层流动(Sheet flow)模型，研究出了肺血流动力学的规律，从而建立了肺部血管的分布情况图。

而事实证明，这张肺部血管分布图为临床疾病的诊断与治疗提供了极大的帮助，这让冯元桢感到十分的欣慰。几乎当所有人都不看好他的时候，他走出了一条新路，他用力学的方法来研究生物组织，从此创立了一门新的学科——生物力学。

接下来的几十年里，他收获了无数的奖项。

虽远离故土几十年，可冯元桢从未忘记过自己的祖国，他十分关心祖国科学技术的发展，自70年代中美关系解冻后，他是最早来华访问的学者之一，他曾多次在国际学术会议的讲坛上自豪地说"我是中国人"。如今，距离他作出那个重要的决定已经过去了半个多世纪，现已近百高龄的他仍会到学校为他保留的实验室做研究，他未曾想过会有今天这样的成就，这位“生物力学之父”只信仰一个教条——听从自己内心的声音，永不放弃对未知的探索，生命不息，奋斗不止。

案例三：

90后摄像师年入千万，从厨房帮工到红牛御用，他靠死亡摄像抓拍极限人生。

刘江，祖籍四川，从小在新疆阿克苏长大，小时候不爱学习，但从小就是孩子王，脑子活，爱折腾。他在初中的时候就开始背着父母在淘宝上卖新疆特产，别人一下单，他在遍地都是特产的街上买点然后直接发货，小小年纪每个星期能挣1000多块！但赚到的钱都被他拿去上网打游戏，给女同学买零食了。

做厨师，是刘江从小的梦想，毕业后看到自己的老家四川有个酒店招聘厨师，怀着对城市和梦想的憧憬，刘江跳上了火车。他在厨房整整钻研学习了3年，凭着聪明才智，成为了酒店里年龄最小的副厨师长。虽然厨师事业干得如日中天，可刘江却越来越恐惧这种与世隔绝的生活。别人上班他下班，别人休息他工作，几乎和外界没有任何交集。他开始渴望过一种不一样的生活。每天下班刘江会在厨房后门练习跑酷，这是他解压的唯一途径。几年前，他无意中把自己制作的跑酷视频放到了网上，没想到这一举动改变了他的一生。这条视频恰好被红牛的一个总监看上，他就开始邀请刘江为他们拍视频。就这样，甜品师开始走出厨房，跟着运动员一起在户外跑跳。

从厨师转型做导演，死磕纪录片

“这才是我想要的生活啊，这种感觉才对啊。”自从那次穿梭在青城山下的竹林之间，跋山涉水，攀爬、翻滚、跳跃、腾挪、拍下运动员做出的各种高难度动作后，刘江便决定干这行了。他辞掉了厨师长的工作，自己召集小伙伴专职为别人拍起片子来。为了出色地完成工作，他开始恶补编导类知识。刘江很拼，边工作边充电，3 年多时间看了 1 万多部纪录片。“我有个习惯，每天起床一睁眼，第一件事就是看 10 部短片，雷打不动。”刘江每天都有一种危机感，睡个懒觉就感觉比别人慢了，每天都有学不完的知识在等着他。他说自己最喜欢的纪录片是《心界》，最喜欢的中国导演是李安。极限体育运动涵盖海陆空，海上有皮划艇、冲浪等，陆上有自行车、摩托车、滑板等，空中有翼装飞行、特技飞行等。相比极限运动的危险系数，拍摄者更是有过之而无不及。单拿跑酷说，为了拍摄运动者从两栋相隔几米宽的高楼之间跳过去的精彩镜头，拍摄者需要背着几十公斤重的拍摄设备，与运动者一同越过。

在零下 40 度天气里，差点掉进万丈深渊

那是刘江和他的团队第一次去北极，为一个中国人拍摄徒步北极的纪录片，路线计划从挪威的朗耶尔出发，穿过常莽雪域，到达目的地之后返程，共计 110 千米。朗耶尔位于北纬 80 度附近，深入北极圈内 1000 千米，整个城市只有 1300 人。在北冰洋上短短 13 天的超级线徒步运动中，不仅要抵御恶劣的气候环境，还要随机应变出色地完成拍摄。专心工作时，很难顾及到周遭的环境。“很好，这样就有效果了。”刘江开始远景、近景来回移动，专心寻找最佳角度，可是他在寻找的过程中踩到了冰面，一倾斜，雪橇开始拖着他一路向悬崖边划去，万幸的是巨大的行李在到达悬崖边的时候停住了，刘江往下看了一眼，万丈深渊，深不见底，好长时间没站起来。“我腿软啊…”事后回忆起来刘江依然心有余悸。

在火焰山翻车，脑袋差点被电线杆砸烂

吐鲁番盆地的火焰山，地表温度 70℃，团队小伙伴的脸全都被烤得红里发黑，满脸脱皮。那天除了高温的考验，刘江和团队还和死神打了个照面。司机当天喝了点酒，开车时车速实在是太快了，再加上路途崎岖，一车的彪形大汉大喊大叫，突然汽车受到了猛烈撞击，“轰”地一下翻了过来，只听见有什么东西勒在了发动机里发出了“吱吱”的声音，发动机被切成了两半。原来车子撞到了沙漠里

的电线杆旁的铁丝，拉倒五六根电线杆，还有一根正好砸在了刘江头顶上。“也是万幸，坐在车里，开的也是好车，不然我的脑袋就被砸进脖子里了，撞上的铁丝如果再偏一点点，就直接把前排摄影师劈成两半了。”

在海拔5000米的越野比赛前，死活憋不出脚本

那是世界上海拔最高的一次越野跑比赛，起点设在海拔5050米的南坡大本营，呼吸、走路都成问题，跑起来更非常人可为。比赛选手都是来自五大洲的顶级高手，没有摄影师跟得上他们的速度，眼看比赛日期临近，刘江根本没有足够的素材去支撑片子，再加上每天睡在海拔5000米的地方，缺氧和高原反应折磨着所有人。“在海拔5000多米的地方创作实在是太痛苦，3号就要比赛了，5号我的脚本还没写出来，非常非常痛苦，每天坐立不安。”连续几天都极度焦虑，终于有一天在和朋友聊天的过程里，他找到了灵感，把改了又改的脚本推翻，重写了一遍。

不是打心底热爱极限运动的人真做不好这行

他的摄影团队除了摄影经验丰富，还得是极限运动爱好者，他们这个团队里有的是滑板爱好者有的是跑酷爱好者，有的是山地车爱好者。刘江本人除了翼装飞行和特技飞机没尝试过，各种极限运动都玩过，包括疯狂的“飞楼”。有恐高症的刘江犹豫了将近2个小时，也没敢跳。最后犹豫已经变成了愤怒，终于跳了过去，跳完后他形容那种感觉既兴奋又刺激，从此也彻底克服了恐高。但是，看起来“既危险又作”的事，为什么他们那么挚爱呢？

极限运动员是对自己身体掌控度极高的一群人，那些高难度动作是他们一级一级训练后才敢尝试的。刘江说极限运动改变了他的世界观，他身体的反应速度更快，和以前的盲目自信相比现在多了一份节制，考虑事儿会更周到，他相信未来的自己还有无限可能：

他一直拿一句话激励自己：如果你预想明天你就不会有未来，你只有专心现在。天天想着未来的恐惧，就做不好今天你手头的事情，你特别害怕下一秒，就无法专心这一秒。

第 3 节 自我探索——我的兴趣

职业心理学的研究表明，一个人对某种工作有兴趣，他能发挥全部才能的 80% ～ 90%，并且能长时间保持高效率而不感到疲劳；如果对某种工作不感兴趣，则他的才能只能发挥约 20% ～ 30%，并且容易疲劳。有人曾请教大卫·古里奇（轮胎制造商古里奇公司的董事长）成功的第一要诀是什么。“喜爱你的工作，”他说，“如果你喜欢你所从事的工作，你工作的时间也许很长，但却丝毫不觉得是在工作，反倒像是游戏。”爱迪生几乎每天在他的实验室里辛苦工作 18 个小时，在那里吃饭、睡觉，但他丝毫不以为苦。“我一生中从未做过一天工作，”他宣称，“我每天都乐趣无穷。”

生涯故事

一个特别的女孩

我校 2000 年首届实验班中有一个很有特点的女孩，她各门学科成绩均相当优异，在年级中名列前茅，尤其是数理化，按照我们普通人的思维，这样的学生将来肯定选择理科，毕竟她的数理化成绩首屈一指。可是就是这样一个女孩，在高中紧张的学习生活中，可以连续几天废寝忘食，写出了一部长篇历史故事，并把故事搬到了舞台上，叫好一片，折服了老师及文科班的学长们。是的，她喜欢历史，热爱历史，对于历史方面的知识，她如数家珍，毫无悬念地她考取了北京大学历史系。

从这个故事中，你有哪些收获？丁肇中曾说过：“喜欢比天才更重要。”孔子在《论语·雍也》中说：“知之者不如好之者，好之者不如乐之者。”意思是说对于某种专业或知识，懂得它的人不如喜好它的人，喜好它的人又不如以它为乐的人。

生涯知识

职业兴趣是一个人探究某种职业或从事某种职业活动所表现出来的特殊个性倾向，它使个人对某种职业给予优先的注意，并具有向往的情感。不同的人对于同一职业可能抱有不同的态度；同一个人对不同的职业也可能抱有不同的态度。一个人对某种职业感兴趣，就会在学习和工作中全神贯注，积极热情，富有创造性地努力完成所从事的工作；反之，即使聪明能干，如果没有兴趣，他也可能在本专业或本行业中毫无建树。

职业兴趣对人的职业活动有重大影响，不仅促进个体智力开发，挖掘潜能，还有助于提高工作效率。

影响职业兴趣形成的因素有哪些呢？家庭、学校、社会、职业认知、专业学习和社会实践等都可以给我们的职业兴趣带来影响。

案例一：

一个女生毕业于山东大学，专业是计算机，可是在求学期间，她发现自己对计算机编程并不是那么喜欢与热衷，同时在她济南的亲戚朋友中从事财务金融方面工作的比较多，通过慢慢接触，她发现财务专业很吸引她，于是在大学期间，她就考出了注册会计师，毕业后进入一家企业从事财务工作。

案例二：

李开复11岁留学美国之后，一直在美国成长。1972年，他进入美国哥伦比亚大学学习政治科学专业。然而2年的学习让他知道自己的兴趣并非在政治方面。学习的枯燥经常让他在课堂上昏昏欲睡，学习成绩也不尽如人意。但是，他发现他在选修的计算机课上有着惊人的天赋。往往是别人还在苦思冥想如何写出程序时，他早就把程序写完了。后来，他发疯一样爱上了这门学科。因此，在大学二年级时，他自己作出了一个惊人的决定——转系！这意味着他将从一个全美排名第三的专业转到一个毫无名气可言的专业。但是，他听从了内心的选择，还是选择了计算机专业。而这个决定，改写了他一生的轨迹。

从上面两个案例中可以发现，每个人的职业兴趣都是受多种因素影响的，那么，我们应该如何培养职业兴趣呢？

科学地规划自己的事业，可以有意识地培养自己的兴趣，从职业兴趣的发生和发展来看，一般要经历这样一个“有趣、乐趣、志趣”的发展过程，具有可培养性。

有趣是兴趣发展的第一阶段，也是兴趣发展的低级水平。例如有些人的兴趣变化多端，今天想当老师，明天想当设计师，后天又可能想当导游，这种职业兴趣是短暂的，往往转瞬即逝，易起易落，不能用于职业规划。

第二阶段是乐趣，又称“爱好”，是在有趣的基础上定向发展而成的，是兴趣发展的中级水平。在这一阶段，人们的兴趣会向专一的、深入的方向发展。例如一个人对无线电感兴趣，他不但会学习相关的基础理论知识，还会亲自装配和修理，并参加相应的兴趣小组。有了乐趣，才可以加入职业规划的范畴。

第三阶段为志趣，当人的乐趣与自己的社会责任感、理想、奋斗目标结合起来时，乐趣便转为志趣，这是兴趣发展的最高水平。志趣有社会性、自觉性和方向性的特点. 可以伴随你的整个职业生涯。

温馨提示：

培养兴趣要注意：培养自己具有广泛的兴趣；认识自己的兴趣倾向和中心兴趣；在实践中形成持久而稳定的兴趣；根据社会需要主动调整个人兴趣。就中学生来说，兴趣的广度、兴趣的中心和兴趣的稳定性都很重要，它将直接关系到一个自己的未来发展方向和能否取得成就。

培养广泛兴趣。一般来说，兴趣越广泛的人知识面也就越宽，在事业上会更有作为，但也要防止兴趣太广，什么都想做，又什么都没做成，结果最后一事无成。

形成中心兴趣。一个人如果只有广泛的兴趣，而无中心兴趣，那么其知识只能是肤浅的。只有在广泛性职业兴趣的基础上养成良好的兴趣中心，才能获得深刻的知识，也才能有创造性。文学家曹雪芹对文学、史学、医学、军事、建筑、生物都有兴趣，但是他把这些兴趣都集中在文学上，最终完成了文学巨著《红楼梦》。

保持稳定的职业兴趣。当一个人具有了持久而稳定的兴趣，在工作中表现出应有的耐心和恒心，才能在事业上有所作为。

课堂活动(一)

霍兰德职业兴趣

霍兰德职业兴趣测试由美国著名职业指导专家霍兰德编制，主要用于确定被测试者的职业兴趣倾向，进而用于指导被测试者选择适合自身职业兴趣的专业发展方向和职业发展方向。霍兰德提出的6种基本职业类型如图3-2所示：现实型R、研究型I、艺术型A、社会型S、企业型E、常规型C。

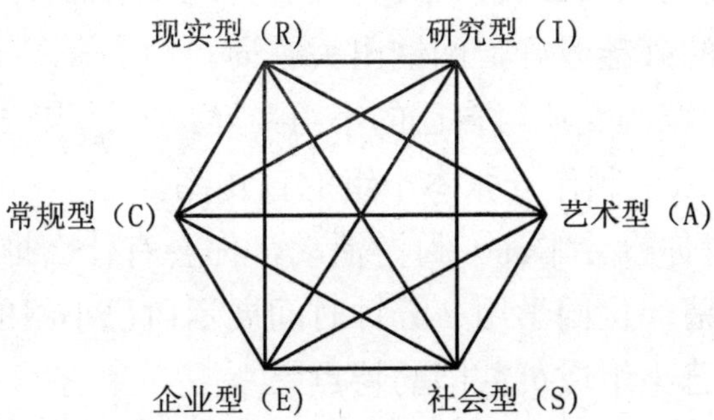

图3-2 6种基本职业类型

恭喜你！你获得了一次免费的岛屿度假游的机会。请不要考虑其他因素，仅凭自己的兴趣从图3-3中6个岛屿中挑出你最想前往的岛屿。

按自己第一选择的岛屿分组就座。

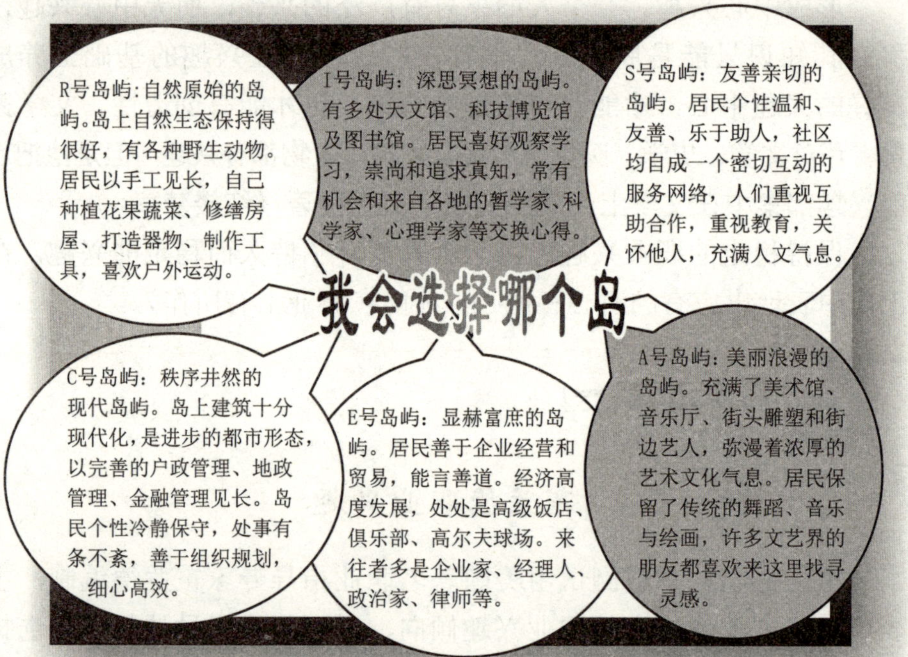

图 3-3　6 个岛屿

分享：

1．同一岛屿的人交流一下：自己为什么选择这个岛屿，看看大家有什么共同的兴趣爱好，归纳出关键词。

2．根据大家的交流给自己的小组命名，并选取一个标志物，设计 LOGO，在白纸上制作一张本小组的宣传图。

3．如果请你设计本岛一日游活动，你会有什么推荐？

每个小组请一位同学用 2 分钟时间展示自己小组的图并在全班介绍一下自己小组成员共同的特点。

课堂活动（二）

兴趣探索练习

请详细地回答下列问题。请与一位同伴互相讲述自己对问题的思考和回答。同伴可以提问，帮助讲述的人发掘细节和原因。这个练习的目的是帮助你回忆并梳理日常生活中有关个人兴趣的一些代表性事件，增进自我察觉。

1. 我的白日梦：请列举出三种你非常感兴趣的职业（摒除所有现实的考虑）。这些工作中的哪些特征吸引着你？

2. 回忆三个从事某件事情时令你感到快乐（满足）的经历。请详细描述这三个画面，是什么令你感到如此快乐？

3. 平时你最爱看哪类报纸、杂志或电视？看得最多的是哪个版块？里面的什么内容比较吸引你？

4. 最爱听的讲座是什么？里面什么东西吸引你？

5. 最喜欢的课程是什么？为什么喜欢？

6. 最爱浏览什么网站与网页？最爱浏览的内容是什么？

7. 做什么事情经常会让你忘记时间？

8. 通常寒暑假你都在做什么？为什么？

9. 平时喜欢参加哪些运动？为什么？

10. 报名参加了哪些社团？为什么参加？

11. 在你的答案里面有什么共同点吗？是否可以归纳为什么主题或者关键词？这些主题或关键词和霍兰德的哪些类型相对应？

说明：对最后一个问题的回答将有助于你总结和归纳前面所有的问题，并将你在日常生活中的一些表现与本单元所讲的职业兴趣类型挂钩。所归纳出的主题或关键词是你今后在作职业决策时需要尽可能纳入的一些关键因素。

课堂活动（三）

两年前，王浩是南京XX学院大三的学生，因为快毕业了，所以一直在忙着找工作。王浩在大学里学的是计算机专业，专业课学得不错，自身也对计算机网络等方面很感兴趣。但他听同学说现在社会上做营销工作工资很高，因此一直想找营销方面的工作。

前段时间到好几家公司参加面试全都落聘了，后来去一家保险公司面试又被淘汰。看到同学们都找到了满意的工作，王浩感到非常沮丧，觉得自己真没有用，连最基本的面试都通不过。

思考：王浩可能是什么职业兴趣？他适合从事什么类型的工作？为什么？

课堂活动（四）

同样对篮球感兴趣，不同兴趣类型的人感兴趣的方面有所不同。请把下面的选项填入表 3-7 中。

表 3-7

兴趣类型	可能感兴趣的方面
实用型	
研究型	
艺术型	
社会型	
企业型	
事务型	

A: 篮球比赛规则

B: 篮球运动

C: 篮球运动中的美感

D: 篮球技术及比赛规律

E: 篮球活动中的人际互动

F：篮球队及周边的产品经营

第 4 节　自我探索——我的能力

生涯故事

该不该让兔子学游泳

刘晓芬大学读的是中文系，毕业后应聘到一家公司做了文秘。平时她喜欢看书，文章也写得不错，上班空闲时，她就写些自己工作中的感受。

半年后，刘晓芬认识了男朋友兰科。兰科原来在一家电脑公司打工，后来自己成立了公司，每日辛苦奔忙。有一天，兰科无意中看到晓芬的笔记本，问她："你记录这些干什么？"晓芬说："刚开始是闲暇时间随便写的，现在准备积累到一定程度后，将内容加以整理润色，可能会成为一部很好的职场小说。能出一本书，是我的一个理想。"

兰科责怪她将时间都浪费了，对她说："你应该在空余时间学英语和计算机，让这两方面的技能再上一个台阶。这两项才是职场人以不变应万变的必备本领。如果学会了平面设计或者编程，走到哪里都不怕找不到工作。"

晓芬觉得兰科分析得有道理，也想着学会计算机的知识还可以帮兰科编个程序、开发软件什么的，就报了这两项的学习班。从此，晓芬天天下班不能看自己喜欢的小说了，也没有心思写随笔了，晚上总是去参加培训班。

然而，晓芬在培训班里并不快乐，尤其是计算机，那不是她的强项，以前高中时她就因为数学学得不好而选择了文科，考大学时又选择了中文系。现在真要补足自己的弱项，还真是不容易呢！

晓芬学得很辛苦，成绩也并不突出。以前上大学时，晓芬在校报上发表了一些文章，被同学誉为才女，老师也总是投来赞许的眼光。而现在，在这个计算机班里，她付出了很大的努力，却成绩平平，有的科目甚至差点被“挂”。她再也找不到如鱼得水的感觉，学起来也总是无精打采。

后来，晓芬去拜访她高中时的班主任张老师，说了自己的苦恼。张老师笑着对晓芬说：“兔子的本领就是跑得快，它是不会游泳的。兔子如果想取得成就，就应该继续练跑步，而不是去学游泳。”

老师的一句话点醒了晓芬。她放弃了在计算机班勉为其难的学习，开始大量阅读、潜心写作，2年后，她的新书出版了。同学聚会时，有人问刘晓芬是怎么取得成功的，晓芬说：“找准自己的强项，不断努力。就像兔子该练习的是跑步，而不是游泳！”

看来，有时候不一定需要用“勤”去补“拙”。找到自己的强项，发挥自己的优势，可能会离成功更近些。

生涯知识

从心理学角度说，一个人的职业选择应当是以基本能力及职业兴趣和性格为依据的。能力，是指完成一定活动的本领。没有任何能力，根本谈不上进入职业工作，对个人来讲也就无所谓职业生涯规划。能力是一个人能否进入该职业的先决条件。人在其一生之中，要从事各种各样的社会生活和社会生产活动，必须具备多种能力与之相适应。

人们的能力可以分为一般能力和特殊能力两大类。一般能力通常包括注意力、观察力、记忆力、思维能力、想象力等，这是人们顺利完成各项任务都必须具备的一些基本能力。特殊能力指从事各项专业活动的能力，也可称“特长”，如计算能力、音乐能力、动作协调能力、语言表达能力、空间判断能力、绘画能力等。

每个人都是世界上独一无二的个体，人的个性特点不同，能力表现也不一样。每个人都具有多种能力，但可能各方面的能力发展是不平衡的，常常是某些方面的能力占优势，而另一些方面的能力则不太突出。一个人表现出来的能力优势与其学习生活和职业发展有着密切的关系。

高中生在确定职业生涯方向的时候，应该主要考虑其最佳能力，选择最能运用其优势能力的职业。社会上不同的职业对能力的要求是不同的，见表 3-8。比如医生需要更为敏锐的观察力，教师要有较好的记忆力，而记者在敏锐的观察力之外，还需要思考问题的能力，对自己的能力进行一个客观的评估是很重要的，因为如果你如果不具备某一职业所要求达到的能力，那即便再努力勤勉也收效甚微。马克思就曾经说过："人的价值蕴藏在人的才能之中。"

表 3-8　　能力与职业匹配表

特质 / 智能	敏感于	倾向于	能够
语言智能	声音、意义、结构、语言风格	听说读写	说话自如（教师、宗教领袖、政治家）或书写流畅（诗人、记者、作家、广告撰稿人、编辑）
数学逻辑智能	模型、数字和数据、因果关系、客观和定量的推理	发现模型、进行计算，形成和验证假设，使用科学方法，演绎和归纳推理	用数字有效的工作（会计、统计师、经济学家）和有效推理（工程师、科学家、程序员）
视觉空间智能	色彩、形状、视觉游戏、对称、线条、意象	将观念视觉化，创造心理意象，注意视觉描绘，绘画和素描	视觉创造（艺术家、摄影师、工程师、装潢人员）和视觉准确定位（导游、侦查、巡逻员）
身体运动智能	触摸、运动、自己身体的状况、体育（竞赛）	需要力量、速度、灵活性、手眼协调好平衡的活动	用手去固定或者创造（机械工、外科医生、木工、雕刻家、泥瓦匠），用身体去表现（舞蹈者、运动员、演员）
音乐智能	音调、节拍、速度、旋律、音高、声音	听、唱、弹奏乐器	创作音乐（作曲家、音乐家、乐师、乐队指挥）和分析音乐（乐评家）

续表

特质 / 智能	敏感于	倾向于	能够
人际关系智能	身体语言、情绪、感受、声音	关注他人的感受与个性，并作出回应	与人共事（行政人员、经理、咨询师、教师），并帮助人们发现问题、解决问题（治疗师、心理学家）
自我认识智能	自己的优点、弱点、目标和需求	确立目标，评估人的能力和弱点，监控自己的思维	调解，反思，展示自律，保持冷静，超越自我
自然智能	自然物体、植物、动物，自然规律，生态问题	对生物和自然物的鉴别和归类	分析生态和自然环境及数据（生态学家和逻辑员），从生物中学习（动物学家、植物学家、兽医），在自然环境中工作（猎人、侦查员）

课堂活动（一）

通过案例分析，找寻不同能力的展现点

案例一分析：

1．保罗萨特在5岁时就可以以语言的流畅而使听众着迷，之后他开始写作，并从自我表达中发现了自己的价值。他是一位通过语言智能持续不间断的练习，发现了自己相当突出的能力的儿童。他说：

> 我通过写作而存在……我的笔在纸上飞速疾驰，常常使我的手腕都疼起来。我把写满文字的笔记本丢到地板上，最后将这些写成的东西忘掉，它们在记忆中消逝……我为写作而写作（I wrote in order to write），而今毫无悔恨之心。如果有人读我的作品，那我会使他们快乐（如同他此前的口头表演一样），我因此而成为一个奇迹。由于这是我的秘密，所以我说的都是

真心话（9岁时）。

2. 哲学家苏珊朗格曾深入地分析自己：

> 我的语言记忆就像粘蝇纸一样，既是我的长处，又令我沮丧。这是因为记忆里同时充满了有用的和无用的东西。例如，我还记得童年时见过的广告中出现的那些押韵的语句，这些词语会在预料不到的最奇怪的时刻，突然出现在我的脑海里。然而同时，我也记得我多年来读过的大量的好诗，回忆这些诗句的确是一件乐事。虽然我的语言记忆能力也许算是好的，但不幸的是，我的视觉记忆却很差……在寻找研究工作需要的资料的来源时，这种可怜的视觉效应就成了特殊的障碍。所以，我才精心保存了文件卡片的交叉索引系统。

言语 / 语言智能：理解语序与单词的意思；说服他人采取行动；解释教学和学习；幽默；记忆和回忆、元语言分析。

案例二分析：

1. 由于在微生物学研究方面的杰出成就，芭芭拉·麦克林托克于1983年获得了诺贝尔医学与生理学奖。她在观察和推理方面的智力表现出一种以逻辑数学为形式的智能，这种智能通常被人们称为“科学思维”（science thinking）。她经历的一件偶然事件特别能说明问题。19世纪20年代，麦克林托克在康奈尔大学从事研究工作时曾遇到一个问题，虽然理论上预测有50%的玉米不结果，但她的研究助手在试验田里却发现只有25%～30%的玉米植株不结果。这一不小的差异使她很困惑，因此而离开玉米地回到办公室，坐下来想了半小时之后……她回忆道：

> 我突然跳了起来，跑回玉米试验田。刚到玉米田的地头（其他在玉米田的深处），我就大喊着：‘我发现了！我知道答案了！我知道30%玉米不结果的原因了！’他们要我证明自己的结论。我于是坐了来，拿出纸和铅笔飞快地写出草稿，而这些计算工作我刚才在实验室一点也没有做。当时这项演算工作

是如此之快，好像一下子就完成了，答案如泉水般喷涌而出。我一步一步地进行着复杂的推理和计算工作，最后得到了同样的结果。同事们看着计算结果，发现和我刚才说的完全相同。有了结论之后，我却感到非常纳闷，为什么我还没在纸上计算就知道了结果？为何我对这个结果如此确信？

2. 对于科学家来说，必要和有用的特征就是将自己的立足点正确地放在大地之上，并持久地关注与物质世界有关的思想隐含着的意义。而这些都不是数学家要考虑的问题。正如一生既从事过数学事业也从事过科学事业的爱因斯坦所说：

当然不可能光靠数学与逻辑思考，建立起物质方面的真理。

我之所以在一定程度上忽略了数学，原因不仅仅是我对科学比对数学有更大的兴趣，而且还由于以下奇怪的经验。我发现数学被分成许多个专业，每个专业又都能十分轻易地消耗上天赋予我们的短暂的生命，这显然是由于我在数学领域中的直觉不够强的缘故……然而在物理学中，我很快就学会了如何发现导向基本原理的途径，学会了避开所有其他的弯路，避开在头脑中分散的、使研究不能进入客观事物本质的许多东西。

爱因斯坦的科学独创性来源于他的大胆发问，来源于他对那些神秘的、未曾解决的问题探索到底的决心，来源于那些问题与宇宙的基本结构和特征之间的微妙联系。爱因斯坦完全依靠自己的力量，对这一条思考路线进行了多年的探索，也不管这条思考路线是否在嘲弄传统的智慧。爱因斯坦相信自己沿着这条路线走下去得出的结果，与牛顿在2个世纪以前作出的被普遍接受的结论相比，更简单、更全面、更有启发意义，也需要更大的勇气。

3. 我不是那种很聪明的学生，努力程度也一般，小学和初中数学学得马马虎虎，高中考过最低44分，最高142分（满分150分），高考127分，大学微积分也考了86分（满分100分）。虽然我的数学考的分数都不是很高，但我还是想谈谈自己是如何学数学的，特别是自己从高中的44分提高到高考127分的过程！

上过高中的人都知道，小学和初中的数学与高中的相比，难度上简直差了一个量级。在学习小学和初中的数学时，只要在课堂上稍稍认真听讲，然后把老师布置的作业完成，数学考个80分（满分100分）以上是不成问题的。可到了高中，想要每次考试考到120分以上，对我这种**IQ**的人来说，仅仅靠课堂上稍稍认真听讲，然后把老师布置的作业完成是不可能的。因为我发现，每次考试的题目比课本后的习题和老师讲的要难一些，而且量也比较大，仅靠做课后习题是满足不了考试需要的，这个时候我就想到了多做题。

在学数学的道路上，我一开始选择了很多同学都走的路——题海战术。题海战术虽然辛苦，但对有些同学来说还是有效的，然而对我不但没有起到促进的作用，反而使我陷入了学数学以来的第一次危机。由于我没有理解题海战术的真谛，以为只要多做题、做难题，考试的时候自然就会考高，从而忽略了从每个题目中找规律，总结心得，最终导致我考了有史以来的最低分——44分。那一段时间我很迷茫，不明白为什么自己花了大气力学数学却还是比不上别的同学，别人打篮球的时候我在学数学，别人聊天的时候我也在学数学……可为什么自己的数学总是学不好呢？难道自己真的不是学数学的料？正当我消沉的时候，我的好友帮助了我，他对我说："你这叫什么学数学，你这是机械运动，一点脑子都不用！"他的话乍一听我觉得很刺耳，像是嘲笑，细细想来又觉得很有道理，于是我就向他请教。

他是年级的"数学王子"，学数学很有一套。他告诉我，数学锻炼的是人的逻辑思维能力，如果只是单纯机械地做题，而不开动脑筋找规律作总结，数学成绩是很难达到优秀的，因为制约你分数的不是你做题的数量，而是你的思想！学习和种田一样，农民的收成好坏不仅取决于劳作时间的长短，还取决于气候、土壤、种子、肥料和耕作技术。

从他那儿回来后，我改变了自己的学习方法。每做完一个题我都要好好地想想，总结一下，若有心得便记下来；遇到很经典的题就用本子抄下来，甚至背下来；遇到自己不会的难题，我就向师友请教解题的思路。每个星期我都要抽出三四十分钟的时间，用来回味自己这个星期的心得，每个月我都要对自己进行检查，看看自己是否按照计划进行。如此一来，我的数学成绩提高得很快，真的可以用日新月异来形容了。一个学期以后，我从44分跃到了100分以上，虽说离120分以上还是有不小的差距，可也算一大进步了。

后来，我发现自己的数学成绩基本稳定在了100～110分之间，怎么也提高不了了。于是我又找到那位朋友，请教为什么他每次总能考140分以上，而我却只能在100分到110分之间徘徊。他告诉我，不管什么学科都是和基础有关的，如果基础不是太好，而想考到很高的分数基本是不可能的，因为每个综合题都是由很多的小问题组成，每个小问题都涉及一个方面，如果想考更高的，就得打牢基础。

听了他的话后，我对自己的学习方法又进行了一点调整，对简单的题我不再是要求会做就行，而是要求自己不光会做，而且还要快，强迫自己有意识地提高速度，只有基本的问题熟练掌握了才能应付那种难度大的综合题。这次我的提高比较慢．因为数学基础涉及的小方面太多了，像计算能力、因式分解能力、三角公式的变换能力、对应用题的理解能力以及解题步骤的规范等等，都是我要提高的基础方面。一个学期以后，我的数学成绩终于有了显著的提高，现在，我不光考到了120分以上，而且还经常考到130分以上，直到高考的127分，这对以前的我来说是想也不敢想的。

就这样，我完成了数学44分到高考127分的大跃进。希望本文对数学不好的同学能有点帮助。最后的一点建议：

如果你的数学不好，首先要相信自己能学好，一个连44分的差生都能学好的东西，还有什么难的呢？

制订可行性计划，目标不要太高，循序渐进，树立信心。

找到一个适合自己的学习方法，遇到问题时进行修改，但不要经常的改，否则有可能什么方法也找不到。

经常向高明者请教，虽然他的方法不一定适合你，但对你绝对是有启发的。

逻辑 / 数理智能：识别抽象图形；归纳推理；演绎推理；发现联系及关系；进行复杂的计算；科学推理。

案例三分析：

20 世纪著名的钢琴家阿瑟鲁宾斯坦在学习钢琴之前说到：

> 客厅成了我的天堂……我半玩耍半认真地弄清了每个琴键的名称，我背对着钢琴能说出演奏者弹出的任意曲子和弦中音符之间的关系，即使对最不协和的和弦都不感到困难。从那以后，掌握键盘上琴键之间的复杂关系，就成了一种纯粹的‘儿童游戏’。我很快就先用一只手，后来又用两只手去弹奏任何听到的乐曲……当然，所有这些都引起了家里人的惊讶——他们当中任何人，我承认，包括我的祖父母、叔叔、婶婶等，都对音乐一窍不通……到我 3 岁半的时候，我的这种定向性就已经十分明显了，所以家庭决定为我这方面的天赋做点安排。

音乐 / 节奏智能：对音乐的基本要素，节奏、音调、音色和旋律等表现出敏感；音乐结构；听，理解音乐的图式；对声音的敏感性；创作优美的乐典和节奏。

案例四分析：

基本上没有受过正规的特殊教育、几乎是盲人的安妮·莎莉文（Anne Sullivan），开始承担起一项艰巨的任务，就是教育既聋又盲的 7 岁女孩海伦·凯勒。由于海伦对外部世界感情上的对抗，安妮试图和海伦交流的努力很难奏效。以下是她们第一次一起进餐的情景：

> 安妮不允许海伦将手伸进自己的盘子里去取她想要的食物，而海伦和她的家人在一起时，已经习惯了这样做。因此与

安妮的第一次进餐成了意志的较量：海伦的手一伸进盘子里，就被安妮坚决地推开。海伦的家人为此很不高兴，离开了餐厅。安妮把房门锁上，继续用餐。海伦干脆在地板上又踢又闹，推拉安妮的椅子。半小时以后，海伦扶着桌子找她的父母，却发现没有人在那儿，这使她感到迷惑。最后，她只好坐下来开始吃早餐，但却用手。安妮给她一把勺子，却被"哗啦"一声扔到地上，于是意志的较量又重新开始。

安妮·莎莉文对海伦行为的反应很敏锐。她在给家人的信里说：

我必须解决的问题是，既要规范和控制她的行为，又不能伤害她的心灵。我起初只能非常缓慢地、一点一点地进行，并试图赢得她的爱。

两周以后，第一个奇迹发生了。安妮将海伦带到家庭住所附近的一个小木屋里，以便两人可以单独生活在一起。经过七天的相处，海伦的性格发生了意义深远的变化，治疗生效了。安妮写道：

今天早上，我的心在快乐地歌唱，奇迹发生了！两个星期前那个粗暴的小生命已经变成了温顺的小女孩。

人际交往智能：说服他人、影响他人或推动他人做事情的能力；发现隐藏的动作、行为、观点；以恰当的方式对他人的语言或行为做出反应的能力；从他人的角度思考问题；在小组中与他人合作；对他人的情绪、动机、情感具有敏感性；语言与非语言的交流。

案例五分析：

当我的父亲离开波尔班达到拉奇科特去做王府法庭的法官时，我大概已经有7岁了。我就在那里上了小学，现在我还清楚记得当时的情景，包括教过我的老师的姓名以及他们的特点。关于我在这里的学习情况，也像在波尔班达一样，几乎没有什么值得称道的。想必我当时还是一个平庸的学生。后来我从这个小学转到郊外的另一所小学，而且一直读到中学，那时我已经12岁了。在这个短时期中，就我的记忆所及，无论对师长还是同学，我从来没有说过一句谎话。我总是很害羞，常常避开别人，书本和功课是我的唯一伴侣。准时到校，一散学就跑回家——这就是我每天的习惯。我的确是跑回去的，因为我生怕和别人讲话，甚至害怕有人取笑我。

我在中学一年级考试的时候，发生了一件值得记述的事。有一个名叫齐尔斯先生的督学，到我们学校来视察。他要我们写五个字，借此测验我们是否拼写得正确。其中一个是“锅”字，我把这个字拼错了。教师用脚尖轻触我借以提示，可是我却体会不了他的用意。我不懂得他原来是要我去抄袭坐在我身边的一个学生石板上的写法，因为我以为教师站在那里是防止我们抄袭的。结果除我以外，别的学生每一个字都拼对了。只有我是愚蠢的。后来教师指责我，可是没有用，我是永远学不会“抄袭”的艺术的。

然而这件事情丝毫没有减少我对教师的尊敬。我是生来看不见长者的缺点的。后来我知道他还有很多别的短处，可是我对他的尊敬始终如一。因为我已经学会了遵从长者的吩咐，而不计较他们的行为。

这个时期还有两件事情我不会忘记。我平常并不喜欢阅读课外读物，可是有一次我看见父亲买来的一本书，是有关斯罗梵纳孝顺双亲的一个剧本。我读得津津有味。这时我们家里来了几个巡回演皮影戏的人。他们所演的影戏当中，有一个场面是斯罗梵纳用带子背着双目失明的父母去朝圣。这本书和这种景象在我的心里留下了不可磨灭的印象。“这就是你应当效法的榜样。”我这样告诫自己。斯罗梵纳死去的时候，他的父母悲痛哀号的情景至今我记忆犹新。这一段哀歌深深地感动了我，我曾用父亲买给我的手风琴演奏过这一段哀歌。

还有一件类似的事情和另一出戏有关。就在这个时候，我得到了父亲的允许去看某剧团演出的一出戏，叫作“哈里斯昌德罗”。这出戏把我迷住了。我自己日夜自问：“为什么做人不应当像哈里斯昌德罗那么诚实呢？”我要像他那样服从真理，为了真理可以经受一切考验——这就是我受到鼓舞的一个思想。我当时完全相信哈里斯昌德罗的故事是真的。我一想起这个故事，就情不自禁地流下泪来。根据我现有的常识判断，哈里斯昌德罗大概不是一个历史人物。但无论如何，我以为哈里斯昌德罗和斯罗梵纳都是活生生的现实人物，我相信如果今天我重读这两个剧本，我仍然会像从前一样受到感动。

就我自己所记得的，我对自己的才能并不怎么自豪。我在得到奖品和奖学金时，常常是很惊讶的。然而我对于自己的操行，却是小心维护，唯恐不周。那怕一点小小的过失，也会使我流泪。当我应当受到责备或者老师认为我应当受到责备的时候，我是受不了的。我记得有一次我受到了体罚，受罚我倒不怎么在意，我所难过的是别人以为我是罪有应得。我伤心地哭了起来。那时我还在上一年级或二年级。我在七年级的时候，又发生了另一件类似的事。当时的校长是度罗伯济·叶杜吉·齐米。他很受学生欢迎，因为他严于纪律，而且教导有方。他把体育和棒球的课程都列为高年级男生的必修课。这两样我都不喜欢。在它们被定为必修课以前，我从来没有参加过什么运动，不管是棒球还是足球。我对运动抱着规避态度的原因之一是害羞，现在我知道这是错误。同时我有一种错误的观念，以为运动和教育没有什么关系。现在我才懂得体力的训练和智力的训练在课程内应受同样的重视。

在这些会议上，当大家发表意见时，我却坐在那里一言不发，这并不是一件小小的怪事。倒不是我从来就不想讲话，但我总是不知如何表达自己，在我看来，其他所有的委员都比我懂事得多。有时正当我鼓起足够的勇气想要发言的时候，大家又常常开始讨论另一个新问题了。这种情形延续了很长时期。

我已明白在会上念讲稿的做法并不被认为是不合适的。我知道有很多人为了讲话前后连贯而简洁，是这样来表达他们自己的。即席讲话对我来说是不可想象的。因此我就把我的讲稿写下来。我在会上站起来宣读，可是读不出来。我的眼睛变得朦胧了，而且我还发抖，虽然我的讲稿总共不过一页。马兹慕达先生不得不代我宣读。他自己的讲话不用说是很漂亮的，博得了不少掌声。我自己感到很难为情，心里为自己的无能而悲伤。

我应当说，我这种天生的羞涩除了偶然闹笑话之外，倒是没有任何害处的。据我看来，事实正相反，这种羞涩对我确有很大好处。讲话犹豫，一度使我很伤脑筋，现在对我却是一种乐趣，它的最大好处是教会了我用字简练。我自然而然地养成了一种约束自己的思想的习惯。现在我倒是可以给自己发一张证书，证明我的舌头或笔尖决不轻易放过一句思虑不周的话。在我的讲演中或写作中，我想不到曾经有什么使我感觉遗憾的地方。所以我一直避免了许多差错，也很少浪费时间。经验教我懂得，沉默是信奉真理的人精神训练的一部分。有意或无意地浮夸、抹杀或缩小真理，原是人们一种天生的弱点，要克服这种弱点，沉默是必要的。一个很少讲话的人，他的言词很少是不经过考虑的，他会衡量每一句话。在我们日常生活里，确实有很多急于讲话的人，所有这种谈吐实在说不上对这个世界有什么裨益。它是那么浪费时间。我的害羞确实维护了我。它容许我成长，帮助我识别真理。

内省智能：集中注意力；意识到自己的心理活动及其原因；元认知；意识和表达不同的情感；超越个人的意识；依据对自己的认识和对他人的理解指导自己的行为。

课堂活动（二）

回顾你的成长经历

1. 到目前为止，你生活中取得的最大的成就是什么？

2. 到目前为止，你生活中遭遇的最大的挫折是什么？

3. 根据你的成就，归纳出自己的优点和特长。

____

4. 根据你的挫折，归纳出自己的弱点和不足。

____

课堂活动(三)

你能干什么

1. 你的职业理想是什么？

____

2. 要从事理想的职业，你需要具备哪些能力？

____

3. 你认为你的能力与理想职业匹配吗？欠缺哪些能力呢？

____

4. 为实现自己的职业理想，你应该从哪些方面发展自己的能力？

____

第四章
社会是怎样的

从兴趣、性格、气质与价值观等方面进行了深刻自我剖析以后，小豌豆对自己有了更加深入的了解，对未来也有了一些想法和打算。可是仅仅了解自己就能作出合理的规划吗？答案当然是否定的。任何规划都脱离不开社会背景，不同时代的不同行业与专业也有着不同的发展前景，让我们跟着小豌豆来看看社会到底是怎样的吧！

2013年9月3日，诺基亚手机业务以总交易额71.7亿美元的价格被微软收购。时任诺基亚CEO的约玛·奥利拉最后说："我们并没有做错什么，但不知为什么，我们输了。"说完，连同他在内的几十名诺基亚高管凄然泪下。这个拥有150年历史的手机霸主，最终以如此无奈的方式落寞谢幕。

与此同时，手机界的另一个传奇——苹果手机横空出世。2007年6月，苹果公司第一款触屏智能手机进入市场，它凭借绚丽的外观设计、舒适的用户体验在智能手机领域异军突起，改变了手机市场的竞争规则，快速占据了高端市场，并在2011年第二季度成为手机行业的新霸主。2012年，苹果手机以市值超过5000亿美元的数额，成为世界上最有价值的品牌之一。2015年，凭借20%的市场份额，苹果公司独吞了手机行业95%的利润。

不管是英雄迟暮，还是少年壮志，当今世界的变化速度超乎想象。今天一颗明星陨落，也许明天另一颗新星就会升起。现在某个行业如日中天，明天可能就成为夕阳产业。

看看这些耳熟能详的产品，从诞生到用户数量达到5000万，用时多长?

收音机，用了38年。

电视机，用了18年。

互联网，用了4年。

IPad，用了3年。

Facebook，用了2年。

微博、微信，用了不到1年。

从早期的收音机，到现在的微博、微信，变化无处不在。令人目不暇接。面对如此世界，你准备好了吗?对于行业和职业你又了解多少呢?

第1节　行业

很多时候，是否能够入对行对人一生的发展至关重要。为谋求适合自己的行业，从事适合自己的职业，我们需要对社会有更多的了解，特别是在选择期，对行业、职业有更多的了解则显得更加重要。

生涯故事

生涯人物1

工作第1年：东方航空公司，票务管理工作，月薪2000元。

2～5年：朋友的机票票务公司，副总，月薪8000元。后公司倒闭。

4年：收到联邦快递加盟邀请，月薪7000元，拒绝，原因是在读MBA期间对房地产企业发生了兴趣。

6年：合生房地产公司，办公室主任，月薪5000元。因受不了办公室工作琐碎而离职。

7～8年：某管理咨询公司，兼职一些小项目，月薪3000元。同时在读某高校EMBA周末班课程。

未来：必将长期任职于小的咨询公司。

生涯人物2

工作第1年：某冶金行业国企，打杂秘书，月薪1200元。

第2～3年：法国某中型洗涤用品公司，市场秘书，月薪2300元。

第4～6年：德国某洗涤用品巨头，品牌经理助理，月薪6500元。

第7～10年：德国某洗涤用品公司，品牌经理，月薪1.5～3万元。

现在：中国某民营洗涤用品公司，高级品牌经理，年薪70万。

生涯探索

小豌豆的梦想

记得很小的时候，爸爸、妈妈就问起：“小豌豆，你长大了要干什么呀？”当时家里没有汽车，偶尔坐一次公交车，看到司机叔叔好威风呀，很长一段时间，小豌豆立志长大后要当一名公交车司机。而后来，坐了一次火车又想当火车司机，再后来，自己梦想中的行业多得不胜枚举，银行职员、飞行员、科学家、航天员……随着年龄的增长，如今已经到了高中，对于未来的憧憬已越来越理性。同学们，请与小豌豆一起先了解一下行业，设计一下自己的未来，为梦想继续奋斗吧。

生涯知识

行业，是指其按生产同类产品或具有相同工艺过程或提供同类劳动服务划分的经济活动类别，如饮食行业、服装行业、机械行业、金融行业、移动互联网行业等。

1. 行业分类

中华人民共和国国家统计局国民经济行业分类（GB/T 4754-2011）将我国行业分为20个门类，具体见表4-1。

表4-1　　国民经济行业分类

A农、林、牧、渔业	K房地产业
B采矿业	L租赁和商务服务业
C制造业	M科学研究和技术服务业
D电力、热力、燃气及水生产和供应业	N水利、环境和公共设施管理业
E建筑业	O居民服务、修理和其他服务业
F批发和零售业	P教育
G交通运输、仓储和邮政业	Q卫生和社会工作
H住宿和餐饮业	R文化、体育和娱乐业
I信息传输、软件和信息技术服务业	S公共管理、社会保障和社会组织
J金融业	T国际组织

2. 国家统计局三次产业划分规定（见表 4-2）

表 4-2　　　　三次产业划分规定

次产业分类	《国民经济行业分类》(GB/T 4754-2011)		
	门类	大类	名称
第一产业	A		农、林、牧、渔业
		01	农业
		02	林业
		03	畜牧业
		04	渔业
第二产业	B		采矿业
		06	煤炭开采和洗选业
		07	石油和天然气开采业
		08	黑色金属矿采选业
		09	有色金属矿采选业
		10	非金属矿采选业
		12	其他采矿业
	C		制造业
		13	农副食品加工业
		14	食品制造业
		15	酒、饮料和精制茶制造业
		16	烟草制品业
		17	纺织业
		18	纺织服装、服饰业
		19	皮革、毛皮、羽毛及其制品和制鞋业

续表

次产业分类	《国民经济行业分类》(GB/T 4754-2011)		
	门类	大类	名称
第二产业		20	木材加工和木、竹、藤、棕、草制品业
		21	家具制造业
		22	造纸和纸制品业
		23	印刷和记录媒介复制业
		24	文教、工美、体育和娱乐用品制造业
		25	石油加工、炼焦和核燃料加工业
		26	化学原料和化学制品制造业
		27	医药制造业
		28	化学纤维制造业
		29	橡胶和塑料制品业
		30	非金属矿物制品业
		31	黑色金属冶炼和压延加工业
		32	有色金属冶炼和压延加工业
		33	金属制品业
		34	通用设备制造业
		35	专用设备制造业
		36	汽车制造业
		37	铁路、船舶、航空航天和其他运输设备制造业
		38	电气机械和器材制造业
		39	计算机、通信和其他电子设备制造业
		40	仪器仪表制造业
		41	其他制造业

续表

次产业分类	《国民经济行业分类》(GB/T 4754-2011)		
	门类	大类	名称
第二产业		42	废弃资源综合利用业
	D		电力、热力、燃气及水生产和供应业
		44	电力、热力生产和供应业
		45	燃气生产和供应业
		46	水的生产和供应业
	E		建筑业
		47	房屋建筑业
		48	土木工程建筑业
		49	建筑安装业
		50	建筑装饰和其他建筑业
第三产业（服务业）	A	05	农、林、牧、渔服务业
	B	11	开采辅助活动
	C	43	金属制品、机械和设备修理业
	F		批发和零售业
		51	批发业
		52	零售业
	G		交通运输、仓储和邮政业
		53	铁路运输业
		54	道路运输业
		55	水上运输业
		56	航空运输业
		57	管道运输业

续表

次产业分类	《国民经济行业分类》(GB/T 4754-2011)		
	门类	大类	名称
第三间业（服务业）		58	装卸搬运和运输代理业
		59	仓储业
		60	邮政业
	H		住宿和餐饮业
		61	住宿业
		62	餐饮业
	I		信息传输、软件和信息技术服务业
		63	电信、广播电视和卫星传输服务
		64	互联网和相关服务
		65	软件和信息技术服务业
	J		金融业
		66	货币金融服务
		67	资本市场服务
		68	保险业
		69	其他金融业
	K		房地产业
		70	房地产业
	L		租货和商务服务业
		71	租赁业
		72	商务服务业
	M		科学研究和技术服务业
		73	研究和试验发展

续表

次产业分类	《国民经济行业分类》(GB/T 4754-2011)		
	门类	大类	名称
第三间业（服务业）		74	专业技术服务业
		75	科技推广和应用服务业
	N		水利、环境和公共设施管理业
		76	水利管理业
		77	生态保护和环境治理业
		78	公共设施管理业
	O		居民服务、修理和其他服务业
		79	居民服务业
		80	机动车、电子产品和日用产品修理业
		81	其他服务业
	P		教育
		82	教育
	Q		卫生和社会工作
		83	卫生
		84	社会工作
	R		文化、体育和娱乐业
		85	新闻和出版业
		86	广播、电视、电影和影视录音制作业
		87	文化艺术业
		88	体育
		89	娱乐业
	S		公共管理、社会保障和社会组织

续表

次产业分类	《国民经济行业分类》(GB/T 4754-2011)		
	门类	大类	名称
第三间业（服务业）		90	中国共产党机关
		91	国家机构
		92	人民政协、民主党派
		93	社会保障
		94	群众团体、社会团体和其他成员组织
		95	基层群众自治组织
	T		国际组织
		96	国际组织

3. 最近五年三产从业人数（见表 4-3）

表 4-3　　最近五年三产从业人数

指标	2015 年	2014 年	2013 年	2012 年	2011 年
就业人员（万人）	77451	77253	76977	76704	76420
第一产业就业人员（万人）	21919	22790	24171	25773	26594
第二产业就业人员（万人）	22693	23099	23170	23241	22544
第三产业就业人员（万人）	32839	31364	29636	27690	27282

注：第三产业从业人员增长过快，第二产生从业人员减少

4. 国家统计局 2015 年各行业单位平均工资水平（见表 4-4）

表 4-3　　2015 年各行来单位平均工资水平

指标	城镇单位	国有单位	城镇集体	城镇私营	其他
平均（元）	62029	65296	46607	39589	60906
金融业单位（元）	114777	100672	82944	44898	123640
信息传输、计算机服务和软件业单位（元）	112042	69858	50901	57719	117076

续表

指标	城镇单位	国有单位	城镇集体	城镇私营	其他
科学研究、技术服务和地质勘查业单位（元）	89410	80409	58849	50441	100210
电力、燃气及水的生产和供应业单位（元）	78886	80066	54395	34631	78327
文化、体育和娱乐业单位（元）	72764	73447	49577	34974	72093
租赁和商务服务业单位（元）	72489	55016	40731	43770	82287
卫生、社会保障和社会福利业单位（元）	71624	73490	57917	40558	60027
交通运输、仓储和邮政业单位（元）	68822	70908	37461	40495	68138
教育单位（元）	66592	67442	55810	37040	55937
公共管理和社会组织单位（元）	62323	62452	55179		45462
批发和零售业单位（元）	60328	69300	31804	36635	60433
房地产业单位（元）	60244	55922	44062	41767	60976
采矿业单位（元）	59404	59673	42900	38192	59729
制造业单位（元）	55324	64931	42026	38948	55162
建筑业单位（元）	48886	49544	39276	41710	49442
居民服务和其他服务业单位（元）	44802	49144	41566	33203	43131
水利、环境和公共设施管理业单位（元）	43528	42705	33262	37222	49130
住宿和餐饮业单位（元）	40806	43621	37197	31889	40436
农、林、牧、渔业单位（元）	31947	31374	39049	28869	38153

课堂活动

根据图 4-1 美国 200 年来行业增速变迁图，讨论我国 10 年前、当下和 10 年后的热门行业是什么？

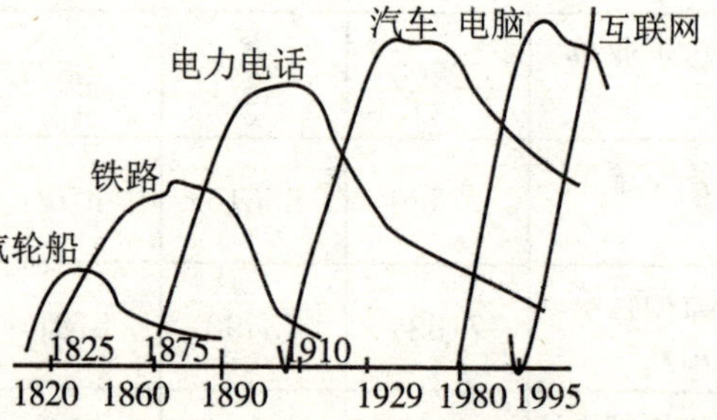

图 4-1 美国行业增速变迁图

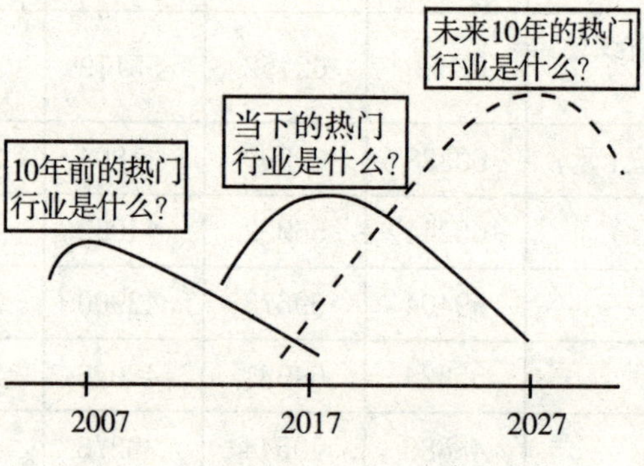

图 4-2 中国热门行业变迁图

第 2 节 职业

职业是指参与社会分工，用专业的技能和知识创造物质或精神财富，获取合理报酬，丰富社会物质或精神生活的一项工作。职业是人们在社会中所从事的作为谋生手段的工作。从社会角度看，职业是劳动者获得的社会角色，劳动者为社会承担一定的义务和责任，并获得相应的报酬；从国民经济活动所需要的人力资源角度来看，职业是指不同性质、不同内容、不同形式、不同操作的专门劳动岗位。

生涯故事

不断转换职业的苦涩人生——张大力（化名）

90 年代初，从新疆考入中国政法大学，攻读法律专业本科。

1995 年，进入济南市检察院，做了 6 个月的书记员。

1997 年，去律师事务所—律师考试未通过—去了北京—进入北京的美资外企做市场专员。

1999 年，企业合并后辞职—结婚—读在职 MBA（管理科学与工程）—撰写“人力资源管理概念”论文—进入首创科技公司，任 HR，身兼多职。

2004 年，辞职，去西藏、东南亚旅游—进入生涯低谷—进入文化传媒公司，担任人事行政总监—管理团队 20 人左右，工作了 3 年。

2007 年，辞职，司法考试未过—进入纪录片影视行业（良友文化传媒）—因个人爱好，研究了很多的纪录片—因投资人和导演的分歧，公司关闭。

2011 年，进入赶集网，负责绩效考核。

2012 年，开始心理咨询师学习—进入公益圈，捐助建立乡村图书馆—在新精英学习生涯规划。

2013 年，成为自由职业者。

正确的职业转换带来的效果

男　38 岁　14 年工作经验　硕士

2000 年 7 月～2001 年 7 月　深圳特区报业集团（1 年）　深圳

特区报 | 记者 / 采编 | 2001 ~ 4000 元 / 月

2004 年 3 月 ~ 2005 年 1 月　武汉科技大学（10 个月） 会计学院 | 讲师 | 2001 ~ 4000 元 / 月

2005 年 7 月 ~ 2010 年 12 月　中国建设银行（总行） 信用卡中心商户管理部 | 商户发展业务主管 | 15000 ~ 25000 元 / 月

2011 年 1 月至今 中国建设银行（亚洲） 公司业务部 | 副总

生涯知识

1. 职业分类：中华人民共和国职业分类大典（2015 年版）（见表 4-5）

表 4-5　中华人民共和国职业分类大典

代码	工种	中类	小类	细类
1	国家机关、党群组织、企业、事业单位负责人	6	15	23
2	专业技术人员	11	120	451
3	办事人员和有关人员	3	9	25
4	商业、服务业人员	15	93	278
5	农、林、牧、渔、水利业生产人员	6	24	52
6	生产制造及有关人员	32	171	650
7	军人	1	1	1
8	不便分类的其他从业人员	1	1	1
	合计	75	434	1481

《职业分类大典》全面客观地反映了现阶段我国社会的职业构成、内涵、特点和发展规律。《大典》由中华人民共和国劳动和社会保障部、国家质量监督检验检疫总局、国家统计局联合组织编制，对职业分类体系、职业信息描述内容、职业信息描述项目、绿色职业等

进行了规范和统一，对用人单位招聘、使用、考核等都起到了权威的指导作用。具体分类可登录中华人民共和国人力资源和社会保障部网站查询。

2．高中生职业认识途径（见图 4-3）

媒介探索法

- 书籍、报刊、杂志
- 高校官网
- 企事业单位官网
- 社交媒体
- 生涯规划网站
- 高考志愿填报指导网站
- 纪录片、人物访谈类节目

人物访谈法

- 问卷调查
- 职业生涯规划专家
- 校内生涯导师
- 父母、亲友
- 大学生 / 学长
- 职场人士
- 大学教师
- 行业达人

校园模拟法

- 生涯课程
- 校内生涯主题活动
- 生涯夏令营
- 体验生涯创新实验室
- 校内职业任务模拟
- 校园社团学生会
- 学科创新竞赛
- 高校招生说明会
- 企业招聘会

现实实践法

- 参观目标大学
- 参观目标企业
- 职业现场 shadow
- 学习
- 旁听大学课程
- 参加志愿活动
- 参加行业论坛或展览活动
- 参加专业学术论坛

图 4-3　职业认识途径

课堂活动（一）

思考：如图 4-4 所示，目前，你处于社会人职业生涯阶段模型的哪个阶段？在这个阶段你该怎么做？

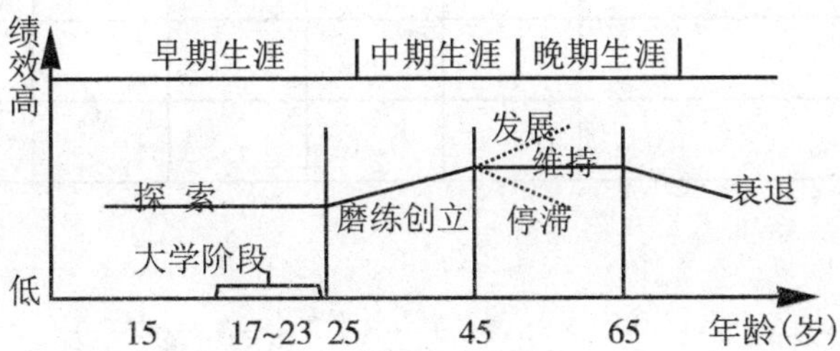

图 4-4　职业生涯阶段模型

课堂活动(二)

做一做：根据表 4-6 中数据为自己进行职业决策。

表 4-6　　职业决策平衡单

考虑因素 (加权范围 1～5)	最想从事的职业 1		最想从事的职业 2		最想从事的职业 3	
	得 (+)	失 (-)	得 (+)	失 (-)	得 (+)	失 (-)
1. 符合自己的兴趣 (×5)						
2. 符合自己的能力 (×4)						
3. 符合自己的价值观 (×5)						
4. 未来的发展空间 (×5)						
5. 较高的社会地位 (×3)						
6. 符合自己理想的生活形态 (×3)						
7. 带给家人声望 (×2)						
8. 有利择偶以建立家庭 (×2)						
9. 优厚的经济报酬 (×3)						
10. 足够的社会资源 (×4)						
合计						
总分						

课堂活动（三）

思考： 从下述某电子商务网站首席数据科学家的职业生涯发展路径中，你获得什么样的启发？

- ◆北航本科，飞行器设计（涉及流体力学、统计、物理）。
- ◆北航读研，管理专业。
- ◆美国亚利桑那州立大学博士，工业工程专业。
- ◆主修工业统计，辅修运筹学、信息系统。
- ◆毕业后去了美国企业 Caterpillar 质量可靠性工程师，涉及面窄。
- ◆回国后，做了 IBM 全球企业咨询顾问，广泛接触行业企业。
- ◆辞职，进入某电子商务网站，任某电子商务网站数据分析师。
- ◆后升至五商务网站全球供应链技术部，数据科学家。

应用篇

『中篇』

第五章 我的升学准备

通过进一步的了解，小豌豆发现，

点，对于人才的需求也是不一样的。虽然自己有着远大的目标，可是为了实现目标，自己该从哪几方面入手，为将来做准备呢？小豌豆继续进行不断的升学通道的探索。

国内升学通道

- ■统一高考
- ■自主招生
- ■综合素质评价录取
- ■艺术类 / 体育类专业招生
- ■农村学生单独招生
- ■保送生招生
- ■高水平艺术团 / 运动员招生
- ■飞行员招生（空军、海军、民航）

国外升学通道

- ■高中毕业直接申请
- ■“1+2、2+1、3+0”合作项目
- ■托福、雅思等外语考试成绩
- ■学术能力评估测试（SAT、ACT、A-Leve 等）
- ■简历表、个人陈述、推荐信

第 1 节　选课走班

2014 年，《国务院关于深化考试招生制度改革的实施意见》出台，改革考试科目设置。增强高考与高中学习的关联度，考生总成绩由统一高考的语文、数学、外语 3 个科目成绩和高中学业水平考试 3 个科目成绩组成，在思想政治、历史、地理、物理、化学、生物等科目中自主选择，浙江、上海两省市率先试点。山东省自 2017 年成为试点省份之一，为满足学生的选考要求，选课走班制度成为必然。

生涯探索

我要完成自己的选课走班

小豌豆的学业已经到了高一下学期，根据《山东省高等学校考试招生制度综合改革方案》要求，学校布置要进行“六选三”选课了，要求期末结束前要决定自己的等级考科目，以学生的报考为依据，学校进行下学期的选课走班安排。

我将如何完成自己的选课呢？

生涯知识

山东省学业水平考试新政

山东省学业水平考试 2017 年起分为合格考试和等级考试，均实行全省统一命题、统一考试、统一组织阅卷、统一公布成绩。

合格考试覆盖国家课程方案规定的所有学习科目，包括语文、数学、英语、物理、化学、生物、政治、历史、地理、技术（含信息技术、通用技术）、艺术（或音乐、美术）、体育与健康等科目。

等级考试科目包括思想政治、历史、地理、物理、化学、生物等6个科目。学生可根据自身兴趣、志向、优势以及高等学校招生要求，在上述科目中自主选择3个考试科目，其所选科目的合格考试成绩必须达到合格。

考试时间和考试机会：合格考试每学年组织2次，分别安排在每学年上、下学期末。高中学生在校期间，第一次参加合格考试的时间不早于高一下学期末；艺术、体育与健康科目的合格考试时间为高三上学期末和下学期的4月份。学生在校期间，有多次参加合格考试的机会。其中，艺术、体育合格考试有2次考试机会，其他科目的合格考试至少有2次机会。

等级考试每个科目只为在校学生提供1次考试机会，时间为高三学年的上学期末。高中阶段其他学校在校学生和社会人员参加等级考试随普通高中高三学生进行。

考试成绩呈现与使用：合格考试成绩分为合格、不合格，作为普通高中学生毕业以及高中同等学力认定的主要依据。合格考试成绩毕业后2年内有效。

等级考试成绩分为A、B、C、D、E五个等级，各占一定比例，经过换算后计入高校录取总成绩。等级考试成绩有效期为12个月。

课堂活动（一）

请参考小豌豆的选课实例，制定出你的选课计划。

高校专业选考要求（见表5-1，以2017年北京大学在浙招生为例）

表 5-1 北京大学 2017 年在浙招生普通高校专业（类）选考科目范围（参考）

层次	专业（类）名称	选考科目数	选考科目范围	类中所含专业
本科	法学	2	物理 历史	
本科	国际政治（国际政治＼外交学与外事管理＼国际政治经济学）	2	思想政治 历史	
本科	社会学类（社会学＼社会工作）	2	历史 地理	社会学 社会工作
本科	地质学类（地质学＼地球化学）	2	物理 化学	地球化学 地质学
本科	环境科学（环境科学＼生态学＼自然地理与资源环境）	2	物理 化学	
本科	城乡规划〔城市规划（5年制工科）＼人文地理与城乡规划〕	2	物理 化学	
本科	工科试验班类（理论与应用力学＼工程结构分析＼能源与资源工程＼航空航天工程＼生物医学工程＼材料科学与工程）	1	物理	理论与应用力学 航空航天工程 生物医学工程
本科	中国语言文学类（中国语言文学＼汉语语言学＼古典文献学）	1	历史	中国语言文学 古典文献学 汉语言
本科	考古学（文物保护）	1	化学	
本科	历史学类〔历史学（中国史）＼世界史＼外国语言与外国历史〕	1	历史	历史学 世界史 外国语言与外国历史
本科	数学类（数学＼概率统计＼科学与工程计算＼信息科学＼金融数学）	1	物理	数学与应用数学（数学＼概率统计＼科学与工程计算＼信息科学） 金融数学（金融数学）

续表

层次	专业（类）名称	选考科目数	选考科目范围	类中所含专业
本科	物理学类（物理学\大气与海洋科学）	1	物理	物理学
本科	化学类（化学\应用化学\材料化学\化学生物学）	1	化学	化学
				应用化学
				材料化学
				化学生物学
本科	天文学（天体物理）	1	物理	
本科	地球物理学类（地球物理学\遥感与地理信息系统\空间科学与应用技术）	1	物理	地球物理学
				空间科学与技术
本科	生物科学类（生物科学\生物技术）	1	生物	生物科学
				生物技术
本科	心理学类（基础心理学\应用心理学）	1	物理	应用心理学
本科	电子信息类（计算机科学与技术\电子信息科学与技术\微电子学\智能科学与技术）	1	物理	计算机科学与技术
				电子信息科学与技术
				智能科学与技术
				微电子科学与工程
本科	环境科学与工程类（环境科学\环境工程\环境管理）	1	物理	环境科学
				环境工程
本科	文科试验班类（政治、经济与哲学\外国语言与外国历史\全校范围内选专业）	0	不限	政治学、经济学与哲学
				外国语言与外国历史
本科	理科试验班类（整合科学\政治、经济与哲学\外国语言与外国历史\古生物学\全校范围内的专业）	0	不限	政治学、经济学与哲学
				外国语言与外国历史
				古生物学
				宗教学
				哲学（科技哲学与逻辑学方向）

续表

<table>
<tr><th>层次</th><th>专业（类）名称</th><th>选考科目数</th><th>选考科目范围</th><th>类中所含专业</th></tr>
<tr><td rowspan="4">本科</td><td rowspan="4">经济学类（经济学 \ 金融学 \ 国际经济与贸易 \ 风险管理与保险学 \ 财政学 \ 发展经济学）</td><td rowspan="4">0</td><td rowspan="4">不限</td><td>经济学</td></tr>
<tr><td>国际经济与贸易</td></tr>
<tr><td>保险学（风险管理与保险学）</td></tr>
<tr><td>财政学</td></tr>
<tr><td>本科</td><td>应用语言学</td><td>0</td><td>不限</td><td></td></tr>
<tr><td>本科</td><td>英语</td><td>0</td><td>不限</td><td></td></tr>
<tr><td rowspan="2"></td><td rowspan="2"></td><td rowspan="2"></td><td rowspan="2"></td><td>编辑出版学</td></tr>
<tr><td>新闻学</td></tr>
<tr><td>本科</td><td>考古学（考古学 \ 博物馆学）</td><td>0</td><td>不限</td><td></td></tr>
<tr><td>本科</td><td>信息管理与信息系统（信息管理与信息系统 \ 图书馆学）</td><td>0</td><td>不限</td><td></td></tr>
<tr><td rowspan="3">本科</td><td rowspan="3">工商管理类（金融学 \ 金融经济学 \ 会计学 \ 市场营销）</td><td rowspan="3">0</td><td rowspan="3">不限</td><td>市场营销</td></tr>
<tr><td>会计学</td></tr>
<tr><td>金融学</td></tr>
<tr><td rowspan="3">本科</td><td rowspan="3">公共管理类（政治学与行政学 \ 公共政策学 \ 城市管理学 \ 行政管理学）</td><td rowspan="3">0</td><td rowspan="3">不限</td><td>行政管理</td></tr>
<tr><td>城市管理</td></tr>
<tr><td>政治学与行政学</td></tr>
<tr><td rowspan="3">本科</td><td rowspan="3">艺术学理论类（艺术史论 \ 戏剧影视文学 \ 文化产业管理）</td><td rowspan="3">0</td><td rowspan="3">不限</td><td>文化产业管理</td></tr>
<tr><td>戏剧影视文学</td></tr>
<tr><td>艺术史论</td></tr>
</table>

小豌豆决定学习环境科学专业，发誓用自己所学治理我国的大气污染问题。参考北京大学专业选科要求，需要选考物理学科。同

时，小豌豆自幼儿时期就对历史充满兴趣，学习历史不仅能给他带来愉悦的心情，也能为其带来很好的成绩，所以他决定选考一门历史。另外，小豌豆也非常喜欢化学，决定再选定一门化学。

课堂活动(二)

请参考表5-2中小豌豆学业水平考试科目及高考科目考试时间安排表，想想你应该如何做出合理的学业水平合格考试和等级考试安排？

表5-2　小豌豆学业水平考试科目及高考科目考试时间安排表

时间	合格考科目	等级考科目	高考科目
高一下	政治　生物　地理　技术		
高二上	物理　化学　历史　语文		
高二下	数学　英语		
高三上	音乐　体育	物理、化学、历史	英语
高三下			语文、数学、英语

小豌豆作出此决定的理由

1. 物理、化学、历史：等级考时间已经固定为高三上学期，所以这三个学科的等级考时间就固定在高三上学期，且前提必须是合格考达到“合格”，为防止意外产生，需要至少提前一次参加该三门课的学考，故合格考安排在高二上学期进行，万一有意外产生，可于高二下学期进行第二次合格考试。

2. 政治、生物、地理、技术：此四门课程因不是等级考试科目，需要在高一即结业，因此安排在高一下学期进行合格考试。

3. 英语：英语可以有2次高考机会，为增加保险系数，高三上学期的高考机会一般不会放弃。如成绩特别优异再决定放弃高三下学期的高考，但只要不考满分，基本还是需要重新尝试。

4. 语文、数学：语文数学的高考已固定在高三下学期进行，高二上完成语文合格考已不成问题，所以放在高二上学期进行语文的合格考试。数学可以放在高二下学期进行。

5. 音乐、体育：为使学习的艺体素养得到发展，此两门课程的合格考试已固定放在高三上学期。

通过这种安排，能使三年的学习和考试任务得到合理分配。

第 2 节 自主招生

2003 年起全国部分高校试点自主招生，考生通过学校推荐和自荐两种形式报名，高校进行初审，初审合格者参加由高校组织的笔试和面试，通过者一般可享受降低十分至几十分录取的优惠政策。2015 年起高校自主招生全面改革，截至 2017 年，全国有 90 所高校具有自主招生资格，其中面向全国招生（即我省学生能够参与的高校）的有 77 所，面向全国招生的高校中，除北京语言大学外，其余全为“211”大学，39 所“985”高校中，仅极少数高校不在自招之列，高校招收具有学科特长和创新潜质的学生，取消学校推荐，全部改为考生自荐，采取笔试与面试结合的选拔方式，笔试科目不多于两门。测试时间由原来的高考前，改为高考后进行，绝大多数高校测试时间均在高考后的第一个周末。降分幅度最多可降至一本线，高校招生名额控制在当年招生计划的 5% 以内，用高校预留计划录取学生。

小豌豆在高一就听学校生涯指导老师和学长讲过自主招生的事，如准备充分这是一条升人名校的捷径，一旦通过自主招生录取还能为全省的考生省出一个名校的统招名额，真是一件很有意义的事情。因此，小豌豆决心要多了解自主招生信息并为此做好准备。

生涯故事

奥赛省一秋令营　圆我清华就读梦

陆同学，山东省实验中学学生，2015 年获全国化学奥林匹克竞赛山东省赛区一等奖，获奖后不久，于 9 月份参加清华大学针对奥赛一等奖的秋令营活动，表现优异，获得了直降 60 分的优异成绩，2016 年高考，通过自主招生批顺利进入清华大学就读化学专业。

成绩优异参“领军”自招录取入清华

孙同学，山东省实验中学学生，高中成绩多次名列全级前三，参加清华大学自主招生领军计划，获降 50 分，高考成绩同样优异，以自主招生批进入清华王牌专业之一——机械工程系就读。

奥赛二等敲开门　自招送我入华科

金同学，山东省实验中学学生，获得全国物理奥林匹克赛山东省赛区二等奖，2016 年参加华中科技大学自主招生考试，顺利获得 20 分降分，高考 645 分，华中科技大学当年投档线为 655 分，符合录取条件，通过自主招生批录入华中科技大学信息安全专业。

实用专利价无限　自招送我去西电

邢同学，山东省实验中学学生，平时喜欢科技发明和改造，获得电子信息类实用新型专利一份，2016 年报考西安电子科技大学自主招生，报名时该校限报一所，邢同学纠结不已，好在顺利通用初审，最终通用西电自招考试，获得 30 分降分，进入就业率极高的信息安全专业就读。

生涯知识

1. 2017年面向全国招收自主招生的高校名单（见表5-3，排名不分先后）

表5-3　　2017年面向全国招收自主招生的高校名单

高校名称	层次	高校名称	层次
清华大学	985	吉林大学	985
北京大学	985	东北师范大学	211
中国政法大学	211	西北工业大学	985
对外经济贸易大学	211	电子科技大学	985
华中科技大学	985	西南交通大学	211
复旦大学	985	重庆大学	985
北京理工大学	985	兰州大学	985
北京航空航天大学	985	苏州大学	211
上海交通大学	985	河海大学	211
同济大学	985	北京师范大学	985
华东理工大学	211	中国人民大学	985
哈尔滨工业大学	985	北京语言大学	
哈尔滨工程大学	211	北京邮电大学	211
南开大学	985	东华大学	211
天津大学	985	北京交通大学	211
浙江大学	985	北京化学	211
中国科学技术大学	985	上海大学	211
四川大学	985	南京理工大学	211
中央财经大学	211	中国矿业大学	211

续表

高校名称	层次	高校名称	层次
上海财经大学	211	南京农业大学	211
南京大学	985	合肥工业大学	211
厦门大学	985	中国石油大学（华东）	211
武汉大学	985	武汉理工大学	211
中山大学	985	华中农业大学	211
北京科技大学	211	华中师范大学	211
北京中医药大学	211	西南财经大学	211
华北电力大学	211	西南大学	211
华东师范大学	985	长安大学	211
东南大学	985	西北农林科技大学	211
江南大学	211	陕西师范大学	211
中国药科大学	211	大连海事大学	211
山东大学	985	东北大学	985
中南大学	985	北京林业大学	211
南京航空航天大学	211	中国传媒大学	211
中国海洋大学	985	中国石油大学（北京）	211
华南理工大学	985	中国地质大学（武汉）	211
西安交通大学	985	中南财经政法大学	211
西安电子科技大学	211	湖南大学	985
大连理工大学	985		

2. 高校自主招生的报名条件

高校招收具有学科特长和创新潜质的学生。各高校均按教育部要求，结合本校实际，制定出自主招生的报考条件。经汇总，可分为以下几类（基于 2016 年全国高校自主招生简章进行汇总）：

(1) 学科奥林匹克竞赛类

包括数学、物理、化学、生物、信息五大学科全国奥林匹克竞赛。

各高校会不同程度地认可奥林匹克竞赛成绩。如北大、清华要求决赛获奖者；复旦大学要求决赛奖或两科省赛区一等奖；中国科学技术大学要求数理化奥赛省赛区一等奖，生物和信息学科需要全国决赛三等奖；浙江大学、上海交通大学等要求省赛区一等奖；南京大学、厦门大学、武汉大学、中山大学等要求省（赛区）一（等奖）或两科省（赛区）二（等奖）；西安交通大学、山东大学等要求省（赛区）二（等奖）；电子科技大学、西南交通大学、重庆大学等要求省（赛区）二（等奖）或两科省（赛区）三（等奖）；长安大学、武汉理工大学、西南大学等省（赛区）三（等奖）即可。

(2) 科技创新类

包括全国青少年科技创新大赛（含国际科技与工程大奖赛、国际环境科研项目奥林匹克竞赛）、“明天小小科学家”奖励活动、全国中学生电脑制作活动。

如北京大学要求科技类全国决赛或国际比赛优异成绩者；北京航空航天大学、北京理工大学、上海交通大学等要求获全国决赛二等奖；同济大学、山东大学、中南大学等要求全国决赛三等奖；武汉理工大学、南京农业大学等要求获省级奖项即可。

(3) 语文作文及英语类

语文及英语类比赛主要针对高校偏文科的专业，当然，有些专业是文理兼招的，对理科学生照样适用。

语文作文类比赛被自主高校认可程度较高的有全国中学生新概念作文大赛（《萌芽》杂志社主办）和全国中小学创新作文大赛（北京大学与《课堂内外》杂志社联办），同济大学、武汉大学、山东大学、中南大学等高校认可。另外全国“语文报杯”中学生作文大赛（《语文报》报社主办）、中华“圣陶杯”中学生作文大赛（《中学语文教学》杂志社主办）、“北大培文杯”全国青少年创意写作大赛（中国当代文学研究会等联办）等作文大赛被中国政法大学、华东理工大学、江南大学等高校认可。

英语类比赛被自主招生高校认可程度较高的是全国中学生创新英语大赛（《高校招生》杂志社主办）和中学生英语能力竞赛（国家基础教育实验中心外语教育研究中心主办，《英语辅导报》社承办），对外经济贸易大学、华东理工大学、山东大学、苏州大学等高校认可。另外中央电视台“希望之星”英语风采大赛、“21世纪杯”全国中小学英语演讲比赛等获奖同学也会得到中国政法大学、西北农林科技大学等高校的认可。

(4) 专利类：

专利分为发明专利、实用新型专利和外观专利三种类型。其中发明专利可被同济大学、武汉大学、山东大学、西安交通大学、江南大学等近30所高校认可，但发明专利也是学生最难获得的。实用新型专利可被西安电子科技大学、中国石油大学（华东）、西北农林科技大学等少数高校认可，且个别高校会对专利内容有所要求。外观专利仅西北农林科技大学明确表示认可。

关于专利的鉴别，高校会通过数据对比、科学评估、专家甄别、面试问答等手段对相关考生进行考核。

(5) 发表文章类

同济大学、南京大学、中国人民大学、山东大学等近40所高校提出，考生在省级以上刊物以第一作者身份发表专业论文也可作为自主招生条件。高校同样会通过专业手段甄别鉴定文章是否由考生本人创作。

(6) 成绩突出类

综合成绩优异：清大华大的领军计划、北京大学的博雅计划规定志向远大、综合素质全面且学业成绩名列前茅者可以报考。

单科成绩突出：西安交通大学、北京航空航天大学、华南理工大学、兰州大学等规定数、理、化等单科成绩达到年级1%或5%或多次满分的85%等，上海外国语大学、东北大学等要求英语单科优异。

(7) 其他类

如地理类、航模类、机器人、财经类、海洋类等比赛获奖或参加高校夏令营活动，均可获得少数高校的自主招生机会。

3. 自主招生高校的报考原则

(1) 以试试的态度报名，以认真的态度考试。

高校自主招生的目的是招收具有学科特长和创新潜质的学生，名额较少，条件较高，即使获得某所高校的降分，也可能因为高考成绩较低而达不到高校的录取要求，也有学生因为高考成绩优异，会报考更喜欢的高校而放弃自招机会。总之，自主招生只是为数极少同学能有的福利，因此，要抱着试试看的态度报考自招。

自主招生初审如果有高校通过，要认真去考，因为毕竟有机会能带来大幅度的降分；同时，因高校用预留计划进行录取，不占用高校投向我省的普通计划，会造福他人，给其他考生空出计划，增加全省考生升入名校的机会。

(2) 结合志愿意向，根据硬件类型，考虑等级考试选考科目。

自招生报名时，几乎所有高校都确定报考专业，按专业要求硬件类型，按专业进行笔试面试，按专业录取且不准调剂，因此，需要综合考虑相关因素报考，且需考虑等级考试选考科目。

(3) 预估自身成绩，考虑降分幅度。

自主招生会给学生不同层次的降分，考生一定要结合自身实力，预估高考分数，选择能够降分有效的高校，需要更加倾向于直降一本线的高校。

(4) 根据自身学力，考虑测试类型。

自主招生测试形式分为笔试和面试，有的高校两者结合，有的高校仅选择面试，笔试形式和内容也大不相同，考生要充分结合自身实力，选择适合自己的高校报名。

(5) 查看历年认定结果，选择认定山东考生较多的高校。

需要关注的几个数据：高校的招生计划，近2年来山东自招初审通过的人数、资格认定的人数、资格认定的比例等。

(6) 考虑报名限定所数，考试时间，高校交通方便情况。

为招收到志愿坚定的考生，绝大多数高校都将考生的报考数量限定在三所左右，个别高校限定一所，即考生一旦报考了某所高校，再选择其他高校就会被限制报考资格，考生要充分考虑自身“硬件”

资格及志愿高校作出选择。限定一所的高校虽限制了考生的选择空间，但同样会降低考生的竞争难度。

自主招生考试时间绝大多数会安排在高考后的第一个周末进行，因自主招生笔试、面试需要大量的场地、评委，需要调动全校很多资源，6月份正值高校毕业季、期末考试季，只有周末时间才会更方便地调动各方资源。但教育部规定，高校自主招生资格认定均需在6月22日前，因此，高校一般会选择高考后的第一个周末组织考试。

正因为高校考试时间基本冲突，所以即便考生初审通过2所以上高校也只能去其中一所，因此报考时选择同一个城市或交通非常方便的高校就显得尤为重要。如果万一2所高校的考试时间能有半天及以上的间隔，即可就近获得2所高校的测试机会。

(7) 合格定位高校的报考层次。

自主招生的报名工作在3月份进行，考生是通过平时的成绩预判未来的高考情况而对高校作出选择。毕竟会有些不可预测性，如有更多选择，建议考生采取“冲一冲、稳一稳、保一保”的策略制定出高校的报考层次。将来如考试时间冲突，以高考后的估分作为依据作出最后的考试决定。

课堂活动(一)

请总结一下你的学科特长和创新潜质是什么？你拥有了哪些有力的证明材料？你将为此做出哪些努力？

课堂活动(二)

请参照表5-4中崔大伟同学2016的自主招生申请报考表，根据自身实际，制定一份适合你自己的自主招生报考计划。

表 5-4　　2016 年自主招生申请报考表

<table>
<tr><td>考生姓名</td><td colspan="2">崔大伟</td><td>专业意向</td><td>数学机械信息</td><td>科类</td><td>理工</td></tr>
<tr><td>获奖情况</td><td colspan="4">实用新型专利、经济类和信息学类发表文章</td><td>预计高考分</td><td>610</td></tr>
<tr><td>意向高校组合</td><td colspan="3">1. 中南大学 湖南大学</td><td colspan="3">2. 西安电子科技大学</td></tr>
<tr><td>关注高校</td><td>高校 1</td><td>高校 2</td><td>高校 3</td><td>高校 4</td><td>高校 5</td><td>高校 6</td></tr>
<tr><td>高校名称</td><td>中南大学</td><td>湖南大学</td><td>西安电子科技</td><td>中石油（华东）</td><td>华中师大</td><td>华中农大</td></tr>
<tr><td>高校层次</td><td>985</td><td>985</td><td>211</td><td>211</td><td>211</td><td>211</td></tr>
<tr><td>符合条件</td><td>专利＋论文</td><td>专利十论文</td><td>论文参考专利</td><td>专利</td><td>专利、论文</td><td>专利、论文</td></tr>
<tr><td>报名时间</td><td>3. 10~3. 30</td><td>3. 11~3. 31</td><td>3. 9~3. 24</td><td>3. 14~3. 31</td><td>3. 10~3. 25</td><td>3. 14~3. 28</td></tr>
<tr><td>报考专业</td><td>数学
机电 交通</td><td>电子 数学
机械</td><td>通信 微电子</td><td>机械
安全工程</td><td>计算机
电子商务</td><td>设施农业</td></tr>
<tr><td>限报所数</td><td>2</td><td>90</td><td>1</td><td>1</td><td>10</td><td>10</td></tr>
<tr><td>考试时间</td><td>6. 11~12</td><td>6. 11~13 日</td><td>6. 10~11</td><td>6. 12</td><td>6. 12</td><td>6. 11</td></tr>
<tr><td>考试形式</td><td>面试</td><td>笔试十面试</td><td>面试</td><td>面试</td><td>面试</td><td>笔试十面试</td></tr>
<tr><td>优惠条件</td><td>一本线</td><td>30</td><td>30</td><td>30</td><td>20</td><td>20</td></tr>
<tr><td>考试地点</td><td>中南大学</td><td>湖南大学</td><td>西安电子科技</td><td>中石油（华东）</td><td>华中师大</td><td>华中农大</td></tr>
<tr><td>交通情况</td><td>飞机 高铁</td><td>飞机 高铁</td><td>飞机</td><td>高铁</td><td>飞机 高铁</td><td>飞机 高铁</td></tr>
<tr><td>上年投档线</td><td>637</td><td>633</td><td>630</td><td>612</td><td>624</td><td>601</td></tr>
<tr><td>招生计划</td><td>400</td><td>250</td><td>200</td><td>200</td><td>225</td><td>233</td></tr>
<tr><td>2016 年全国报名人数</td><td>9011</td><td>9024</td><td>1039</td><td>3675</td><td>5432</td><td>1536</td></tr>
<tr><td>2016 年全国初审人数</td><td>1965</td><td>4378</td><td>247</td><td>800</td><td>1449</td><td>821</td></tr>
</table>

续表

考生姓名	崔大伟		专业意向	数学机械信息	科类	理工
获奖情况	实用新型专利、经济类和信息学类发表文章				预计高考分	610
意向高校组合	1. 中南大学 湖南大学			2. 西安电子科技大学		
2016年山东初审人数	192	552	49	653	228	120
2016年山东通过人数	59	34	40	255	77	60
2016年山东通过率	30.70%	6.20%	81.60%	39.10%	27.50%	50%

第3节　综合评价招生

2012年5月，《教育部办公厅关于南方科技大学2012年本科招生试点方案的批复》正式下达，同意南方科技大学按照“6+3+1”模式进行招生。即考生综合成绩满分100分，高考成绩（按百分制折算）占60%，南科大组织的能力测试成绩占30%，高中学业成绩占10%，择优录取。这便是综合素质评价招生。经过多年试点，上海纽约大学、上海科技大学、中国科学院大学、北京外语大学等高校纷纷效仿，拿出所有或部分专业招生计划进行综合评价招生。

教育部高考改革要求：“高考改革试点省的试点高等院校录取新生时，综合考量考生高考成绩、高校考核结论、高中学业水平测试成绩、综合素质评价以及高校自身培养特色要求等五个维度的内容，对高考成绩达到本二批次省控线的入选考生，综合评价，择优录取。”

2016年5月，山东省教育厅发布《关于组织开展普通本科高校综合评价招生试点工作的通知》，要求山东省内9所高校自2016年起实行综合素质评价试点招生。

生涯故事

综合评价帮助刘同学顺利入北外

北京外国语大学小语种专业2016年第一次面向全国24省市以综合评价形式招生。刘欣欣同学喜欢语言，去北京外国语大学就读是她的梦想。得知北外以综合评价形式招生的消息之后，她毫不犹豫地报了名，参加测试表现优异，高考获得633分，与北外能力测试按7:3比例加总后，顺利被北京外国语大学录取至俄语专业就读，当年北京外语大学在山东的最低投档线为658分。

综合评价招生为吴同学省掉50分

吴同学，文科生，2016年参加山东师范大学综合评价招生，高考508分即被山东师范大学录取至地理科学专业，当年山师普通类文科最低投档线达551分。

生涯知识

2016年山东省综合评价招生试点高校名单

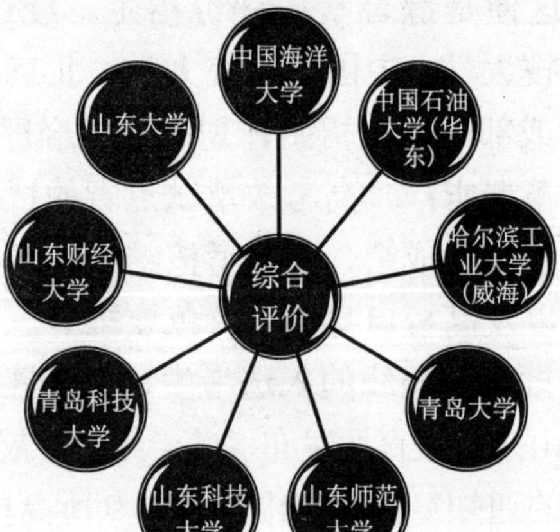

综合评价招生报名条件

1．高中三年参加不少于 10 个工作日的社区服务和 1 周社会实践，并完成 15 学分的研究性学习任务。

2．学业水平考考试 10 科全部为 A。

3．学考 6 ～ 8 科为 A(语、数、英等不同科目要求必 A)，另需加竞赛、科技、语文、英语、艺体等获奖条件。

报名与录取

1．中国高等教育学生信网统一报名入口报名，部分高校有报名数量限制。

2．综合测试形式以面试为主，时间安排在高考后进行。

3．录取政策：高考成绩折算成百分制 ×(60% ～ 70%)+ 综合评价招生 ×（20% ～ 30%）+ 学考成绩（A10 分，B5 ～ 8 分）×10%（各高校分值有不同）。

4．学生通过测试后在提前批次报考志愿，山大通过后无需填报志愿，直接录取。

课堂活动

请根据自身实际，制定出适合自己的综合评价报名方案。

第六章
管理自我

俗话说：要立长志，不要常立志。想要成功做一件事并不难，难的是将这种成功养成为一种习惯。荀子说：“不积跬步，无以至千里；不积小流，无以成江海。”罗曼·罗兰也提到，最可怕的敌人，就是没有坚强的信念。一个人的成功与否和他的坚持有着密不可分的关系。只有美好的想法而不去落实，则只能是空想。在实践中踏踏实实地慢慢摸索，做好自我管理，则极有可能成就人生的辉煌。

高中阶段是可塑性非常强的阶段，老师们倾其所有所传授的也不过是沧海一粟，要让自己能够在未来的人生中持续发展，学会自我管理，掌握获取知识的方法，培养主动学习的能力，这才是小豌豆最希望的。

第1节 时间管理

时间管理是指通过事先规划和运用一定的技巧、方法与工具，实现对时间的灵活有效运用，从而实现个人或组织的既定目标。

充满新奇的高一生活已过去大半，小豌豆在老师与学长们的指引下，也完全适应了高中的生活。可是在日常学习过程中，他发现了一个非常严重的问题，那就是时间严重不够用，很多事情做不完。这是为什么呢？别人的一天也不是34小时呀。带着这个问题，他又咨询了学业优秀的学长。

生涯故事

生命中的鹅卵石

在一次上时间管理的课上，教授在桌子上放了一个装水的罐子。然后又从桌子下面拿出一些正好可以从罐口放进去的鹅卵石。当教授把石块放完后问他的学生道：“你们说这罐子是不是满的？”“是。”所有的学生异口同声地回答。

“真的吗？”教授笑着继续问，然后再从桌子底下拿出一袋碎石子，把碎石子从罐口倒下去，摇一摇，又加了一些。又问学生：“你们说，这罐子现在是不是满的？”这回他的学生不敢回答得太快。最后班上有位学生怯生生地细声回答道：“也许没满。”

“很好！”教授说完后，又从桌下拿出一袋沙子，慢慢地倒进罐子里。倒完后再问班上的学生：“现在你们再告诉我，这个罐子是满的呢？还是没满？”

“没有满。”全班同学这下学乖了，大家很有信心地回答。

“好极了！”说着教授从桌子底下拿出一大瓶水，把水倒进看起来已经被鹅卵石、小碎石、沙子填满了的罐子里。当这些事都做完之后，教授正色问班上的同学："你们从上面这些事情中得到了什么启发？"班上一阵沉默，然后一位自以为聪明的学生回答说："无论我们的工作有多忙，行程排得多满，如果要逼一下的话，还是可以多做些事的。"这位学生回答完后心中很得意地想："这门课到底讲的是时间管理啊！"

教授听到这样的回答后，点了点头，微笑道："答案不错，但并不是我要告诉你们的重要信息。"说到这里，这位教授故意顿住，用眼睛向全班同学扫了一遍，说："我想告诉各位最重要的信息是，如果你不先将大的鹅卵石放进罐子里去，你也许以后永远没机会把它们再放进去了。"对于你们而言，哪些是生活中的大鹅卵石呢？

这个故事带给你的启发是什么呢？

生涯知识

著名管理学家科维提出了一个时间管理的理论——时间管理"四象限"法，如图 6-1 所示。把工作按照重要和紧急两个不同的程度进行划分，基本上可以分为四个"象限"：首先要做的是重要而紧急的事情，例如当天需要上交的作业、周考、月考等；其次是重要而不紧急的事情，例如阅读能力的培养、英语听力能力的提升、1 个月后的学生会干部竞选等；第三则是不重要但是紧急的事情，例如接电话、回邮件等；最后安排不重要也不紧急的事情．例如娱乐八卦、逛街等。

时间管理理论的一个重要观念是应有重点地把主要的精力和时间集中地放在处理那些重要但不紧急的工作上，这样可以做到未雨绸缪，防患于未然。

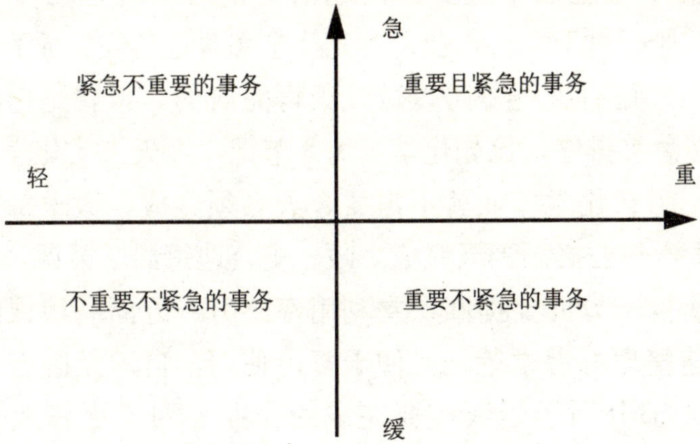

图 6-1 时间管理坐标体系

美国管理学者彼得・德鲁克（P・F・Drucker）认为，有效的时间管理主要是记录自己的时间，以认清时间耗在什么地方；管理自己的时间，设法减少非生产性工作的时间；集中自己的时间，由零星而集中，成为连续性的时间段。

在有限的时间和资源下实现目标最大化，是高效管理者学习工作的重要原则。时间是实现目标的重要因素之一，为了对高效管理者的时间进行更好地管理，我们引入帕累托原则。帕累托原则又称作"重要的少数、微不足道的多数"或"80 对 20 定律""犹太法则"等，是 19 世纪末 20 世纪初由意大利经济学家及社会学家帕累托提出的，最初是用于经济领域中的决策。这一原则是说在任何一组东西之中，最重要的通常只占其中的一小部分，因此对于重要但只占少数的部分必须分配更多的资源，更注重对它的管理。在时间管理中，运用帕累托原则有助于应付一长列有待完成的工作。将一大堆需要完成的工作列出优先次序，把最应优先完成的作为工作中的重中之重，各花上一段时间集中精力把它们完成。

所以要做到有效的时间管理，首先要明确自己的目标，然后把实现目标的几项事情按照轻重缓急的顺序来依次完成。

小豌豆学习生活中遇到的问题恰恰是时间管理出了问题。高三学长告诉他：对于学科作业，首先确定哪些是急需完成的，哪些是暂缓完成的，还有哪些是可以过几天再完成的。也就是把学科作业按照轻重缓急来排序，比如化学一周 3 节课，今天上了化学，下节课后天才上，那么化学作业就不需要今天必须完成。数学每天都有新课，因而数学作业必须当天完成。政、史、地每周 2 节课，书面作业并不多，所以一方面要提高课堂利用率，另一方面利用课间几分钟的时间快速整理好课堂笔记，便于复习使用，自习及晚上的时间就可以腾出一部分用于当天需要完成的作业。为了更好地管理自己的时间，学长建议小豌豆制定一个计划表，将每天和每周甚至每月的学习计划中的事情进行安排。

听了学长的经验之谈，小豌豆豁然开朗，立即付诸行动。

时间管理小技巧

明确目标。这是所有事情安排规划的出发点。首先明确自己想要的是什么？当天的目标是什么？本周、本月、本学期、本年、3 年及更长远的目标是什么？

事情排序。根据学习生活中事项的轻重缓急进行排序，并按照次序逐项完成。

制定明确的计划表。“凡事预则立，不预则废。”计划越详细，落实越有效。

设定完成时间，并严格执行，不拖沓。

课堂活动

按照时间管理四象限坐标体系，结合自己的实际情况，在表 6-1 中梳理一下你的日程表吧。

表 6-1　　　计　划　日　程　表

制订人　　　　　　　　时间

序号	需要做的事	重要性排序	完成时间	完成情况

超链接

时间管理——华为成功之宝

一、界定“时间管理”的两大误区

华为时间管理培训的第一部分，就是让员工们清楚了解时间管理的两大误区：

误区一：工作缺乏计划

大量的时间浪费来源于工作缺乏计划。比如：没有考虑工作的可并行性，结果使并行的工作以串行的形式进行；没有考虑工作的后续性，结果工作做了一半，就发现有外部因素限制只能搁置；没有考虑工作方法的选择，结果长期用低效率、高耗时的方法工作。

误区二：不会适时说“不”

“时间管理当中最有用的词是‘不’”。华为人认为，人们组织工作不当中最常见的一种情况就是不会拒绝，这特别容易发生在热情洋溢的新人身上。新人为了表现自己，往往把把来自于各方的请托——不假思索地接受下来，但这不是一种明智的行为。

量力而行地说“不”，对己对人都是一种负责的行为。首先，自己接受了不能胜任的工作，不仅徒费时间，还会对自己其他工作造成障碍。同时，无论是工作延误还是效果都无法达标，都会打乱委托人的时间安排，结果是“双输”。

所以，华为一向强调，接到别人的委托时，不要急于说“是”，而是分析一下自己能不能如期按质地完成工作。如果不能，那就要与委托人协调，在必要时刻敢于说“不”。

二、掌握“时间管理”的四大法宝

“成功地界定问题就已经解决了问题的一半”，但如果没有切实可行的解决方案，困境还是不会改变。

华为对于时向管理有四大法宝。

法宝一：以 SMART 为导向的“华为”目标原则

华为时间管理培训指出，目标原则不单单是有目标，而且是要让目标达到 SMART 标准，这里 SMART 标准是指：

具体性（Specific）。这是指目标必须是清晰的，可产生行为导向的。比如，“我要成为一个优秀的华为人”不是一个具体的目标，但“我要获得今年的华为最佳员工奖”就算得上是一个具体的目标了。

可衡量性（Measurable）是指目标必须用指标量化表达。比如上面这个“我要获得今年的华为最佳员工奖”目标，它就对应着许多量化的指标——出勤、业务量等。

可行性（Attainable）。这里可行性有两层意思：一是目标应该在能力范围内；二是目标应该有一定难度。一般人在这点上往往只注意前者，其实后者也相当重要。如果目标经常达不到，的确会让人沮丧。但同时也应注意：太容易达到的目标会让人失去激情。

相关性（Relevant）。这里的相关性是指与现实生活相关，而不是简单的白日梦。

及时性（Time-based）。及时性比较容易理解，是指目标必须确定完成的日期。在这一点上，华为时间管理培训指出，不但要确定最终目标的完成时间，还要设立多个小时间段上的“时间里程碑”，以便进行工作进度的监控。

法宝二：关注第二象限的华为四象限原则

根据重要性和紧迫性，我们可以将所有的事件分成4类（即建立一个二维四象限的指标体系），见表6-2。

表6-2 华为四象限原则

类别	特征	相关事宜
第一象限	“重要紧迫”的事件	处理危机、完成有期限压力的工作等。
第二象限	“重要但不紧迫”的事件	防患于未然的改善、建立人际关系网络、发展新机会、长期工作规划、有效的休闲。
第三象限	“不重要但紧迫”的事件	不速之客、某些电话、会议、信件。
第四象限	“不重要且不紧迫”的事件或者是“浪费时间”的事件	阅读令人上瘾的无聊小说、收看毫无价值的电视节目等。

第三象限的收缩和第四象限的舍弃是众所周知的时间管理方式，但在第一象限与第二象限的处理上，人们却往往不那么明智——很多人更关注第一象限的事件，这将会使人长期处于高压力的工作状态下，经常忙于收拾残局和处理危机，这很容易使人精疲力竭，长此以往，既不利于个人身心健康也不利于工作。新员工来华为的初期，比较关注第一象限的事件。天天加班，而且工作质量也不尽如人意，感觉很糟糕。经过培训后，转换了关注的方向，发现整个感觉都改变了。这主要是因为第一象限与第二象限的事本来就是互通的，第二象限的扩大会使第一象限的事件减少。而且处理时由于时间比较充足，效果都会比较好。因此，增强了新员工的自信。

法宝三：赶跑时间第一大盗的华为韵律原则

日本专业的统计数据指出：“人们一般每8分钟会收到1次打

扰，每小时大约7次，或者说每天50～60次。平均每次打扰大约是5分钟，总共每天大约4小时，也就是约50%的工作时间（按每日工作8小时计），其中80%（约3小时）的打扰是没有意义或者极少有价值的。同时人被打扰后重拾起原来的思路平均需要3分钟，总共每天大约就是2.5小时。根据以上的统计数据，可以发现，每天因打扰而产生的时间损失约为5.5小时，按8小时工作制算，这占了工作时间的68.7%。”

华为培训也认识到“打扰是第一时间大盗”。为了解决这个问题，华为提出了自己的时间管理法则——韵律原则，它包括两个方面的内容。一是保持自己的韵律。具体的方法包括：对于无意义的打扰电话要学会礼貌地挂断，要多用干扰性不强的沟通方式（如Email)，要适当地与上司沟通，减少来自上司的打扰等。二是要与别人的韵律相协调。具体的方法包括：不要唐突地拜访对方，了解对方的行为习惯等。

法宝四：执着于流程优化的华为精简原则

著名的时间管理理论——崔西定律指出：“任何工作的困难度与其执行步骤的数目平方成正比：例如完成一件工作有3个执行步骤，则此工作的困难度是9，而完成另一工作有5个步骤，由此工作的困难度是25，所以必须要简化工作流程。”

华为要求员工们做到“能省就省”，并编制“分析工作流程的网络图”，每一次去掉一个多余的环节，就少了一个工作延误的可能，这意味着大量时间被节省了。

通过研究和剖析华为的时间管理，我们获得一个重要的启示：时间管理是企业提高员工整体素质的最有效法宝。

第2节 目标管理

德国小说家、诗人赫曼·赫塞说：“大多数人就像是落叶一样，在空中随风飘游、翻飞、荡漾，最后落到地上。一小部分人像是天上的星星，永远走在一条固定的途径上，地上的风吹不倒他们，在他们内心中有自己的引导者和方向。”

美国管理大师彼得·德鲁克（Peter F.Drucker）于1954年在其名著《管理实践》中最先提出了“目标管理”的概念。他认为：先有目标才能确定工作？从学生学习这个角度出发，则意味着首先要明确学习任务，并务必将其转化为目标。我们每个人的一生中不能没有目标，否则生活便失去了方向，正如大海中行驶的邮轮，如果没有指明灯的引导，极易在海洋中迷失。

明确目标是所有成功者的出发点，有了明确的目标，还要善于对目标进行管理，具体管理思路是把大目标分解为若干小目标，随着各个小目标的逐一实现，大目标也就能如期实现。

生涯故事

一个穷小子的梦想

1947年7月30日，一个小男孩出生在战后奥地利的一个普通家庭里，父亲是一位警长。小男孩自小就有一个伟大的梦想——进入政坛当州长。这个梦想看似遥不可及，难以实现。可是小男孩用自己的实际行动将这个伟大的目标进行了分解，并逐步实现，最终成就了自己的梦想。

首先，他认为要当州长没有一定的财力支撑是不行的，所以他得有钱。可是如何才能有钱呢，那就需要融入财团，可是融入财团对于一个普通家庭孩子而言不是一件容易的事呀。那曲线救国，娶一位豪门千金是不是就解决了这个问题呢？但是豪门千金为什么非得在芸芸众生中青睐于自己呢？如果自己有了名气，成为名人以后是不是就有了入豪门千金法眼的机会呢？

名人可不是那么容易成就的，名人有很多种，政坛、科研领域、影视图等，前两项自己都没有机会，那就朝影视演艺圈发展吧，为什么这个目标相对容易呢？因为小时候的他对体育健身和健美很有兴趣，于是很早就开始健身，他具备成为名人的潜质，按照这种思路，他开始步步为营。

16岁第一次参加全国健美比赛。19岁在德国举行的欧洲健美锦标赛上，他获得了“欧洲先生”称号。20岁那年获得了“环球先生”称号。22岁第一次参加“奥林匹亚先生”大赛。23岁战胜古巴选手奥利伐，夺得“奥林匹亚先生”称号。自此此后，连续七次登上“奥林匹亚”先生宝座。36岁的他加入美国籍，开始参加国际健美比赛，第一次获得了“世界健美先生”称号，此时他真的成为了名人。这个时候，他开始进军演艺圈，他的演艺生涯刚开始并不顺利，可是在不断地探索中，他逐步树立了荧幕上的“硬汉形象”，在演艺生涯的顶峰时期，他娶了豪门千金。此后，他息影进军政坛，担任加州州长7年，终于实现了自己的人生梦想。

你知道这个穷小子是谁吗？他就是阿诺德·施瓦辛格。

从这个故事中，你学到了什么？他的经历是否让你想起了这样一句话：思想有多远，我们就能走多远。

目标的引领

1952年7月4日清晨，加利福尼亚海岸笼罩在浓雾中。在海岸以西21英里的卡塔林纳岛上，一位34岁的女子下到太平洋中，开始向加州海岸游去。若是成功的话，她就是第一个游过海峡的女性。这个女子名叫费罗伦丝·查德威克。在此之前，她是从英、法两边海岸游过英吉利海峡的第一位女性。

那天早晨，海水很冷，雾很大，她连护送她的船都看不到。时间一个钟头一个钟头地过去，15个钟头之后，她很累，且全身冻得发麻。她知道自己不能再游了，于是叫人拉她上船。

她的母亲和教练在另一条船上，他们都告诉她海岸已经很近了，叫她不要放弃。但她朝加州海岸望去，除了浓雾之外什么也看不见。几十分钟之后——从她出发算起15个钟头零5分钟之后，人们把她拉上了船。雾散了，查德威克发现，人们拉她上船的地点，离加州海岸只有半英里！后来，她对记者说："如果当时我看见陆地，也许我就能坚持下来。"令她半途而废的不是疲劳，也不是寒冷，而是因为她在雾中看不见目标，看不见成功的希望。

查德威克一生中只有这一次没有坚持到底。2个月后，查德威克终于成功地游过了这个海峡。她不但是第一位游过卡塔林纳海峡的女性，而且比男子纪录还要快2个钟头。

这个故事又给了你什么启发呢？当一个目标过高，我们看不到、摸不到的时候，坚持的难度是不是就大了许多呢？我们在进行目标管理时，需要进行妥善的目标分解与设置，让每个小目标都被看得见，这样才能最大化激发我们个体的潜能。

目标分解小技巧

目标分解，就是将一个大目标，具体分成若干个阶段性的小目标。如果就一生的目标而言，可以如此分解：

终生目标——一个人奋斗一生要达成的梦想。

长期目标——经过5年或5年以上想取得的成就。

中期目标——实现长期目标的有效步骤，一般为3～5年。

短期目标——实现中期目标的具体措施，一般为1年以内

每月、每周、每天的安排——实现短期目标的具体行动。

无论理想有多远，我们只要善于进行目标分解，各个击破，实现的理想就指日可待。

目标管理小窍门

1. 明确目标：个人目标应具体明确；

2. 参与决策：目标管理用参与的方式决定目标，上级和下级共参与目标的选择和对如何实现达成一致意见；

3. 规定期限：每一个目标的完成都有一个明确的时间界限；

4. 反馈绩效：确定目标后要不断关注事情的进展情况，以便及时调整自己的行动。包括课堂小测试、阶段性检测、期中期末考试等。

课堂活动

请你根据自身情况，将一年内的目标写在表 6-3 中。目标的设定可以从学业、健康、人际交往等方面进行，并把每个目标进行合理分解。

表 6-3　　一年内的目标

年度目标	季度目标	月目标	周目标	日目标

目标仅仅罗列出来是没有什么作用的，关键是落实执行，所以你需要定期反思目标的执行情况，随时调整自己的行动计划，保证计划落实完成。

第 3 节　情绪管理

最近的学科阶段测试成绩很不理想，小豌豆心烦意乱。他一挥手又将同学的笔袋碰到了地上，文具撒了一地，看着同学那不满的表情，他更烦躁了。

每个人都有七情六欲，情绪是其中一个方面，一旦情绪产生波动时，个人会表现出愉快、气愤、悲伤、焦虑或失望等各种不同的内在感受。假如负面情绪常出现而且持续不断，就会对个人产生负面的影响，如影响身心健康、人际关系或日常生活等。

消极情绪若不适时疏导，轻则败坏情致，重则使人走向崩溃；而积极的情绪则会激发人的热情和潜力——各种情绪不同程度地影响着学生的学习和生活。只有了解了情绪，才能管理并控制情绪，才能发挥其积极作用。

生涯故事

孩子，你怎么了？

“老师，开学3周以来，我女儿只到学校2天，咋办呢？”“老师，她还是不上学呀，急死人了。”“老师，实在没有办法了，虽然很喜欢现在的这个班，可是孩子仍然不想来上课，我们申请给孩子调整一个校区吧。”这是一个高二学生的妈妈对我说的话。一个敏感细腻的女孩，因为同桌不和她说话，而不愿到校上课。她不理解同桌为什么不和她说话。其实她的同桌本就是个内向寡言的女孩。“我本来话就少，没有想说的话，为什么一定要说呢？”同桌如是说。

孩子，就因为同桌不说话，就影响到你了吗？甚至连学业都无法继续了吗？孩子，你怎么了？

从上面的故事中，你有什么感触？北京大学儿童青少年卫生研究所曾在2007年发布过一份对过去12个月的统计报告。调查显示，我国1/5的中学生产生过自杀念头，6.5%的中学生为实施自杀做过计划。这个数据是非常惊人的。你认为出现这种状况的原因是什么呢？

生涯知识

情绪就是人对事物的态度的体验。人们形成的否定情绪和情感往往只是短暂的，痛苦一阵以后，强烈的体验随着刺激的消失而消失。情绪的长期压抑对个人的健康有很大的影响，影响的程度因人而异。情绪最基本的四种表现：快乐、愤怒、恐惧、悲哀。

情绪管理，通常指通过研究个体和群体对自身情绪和他人情绪的认识，培养个体驾驭情绪的能力，并由此产生良好的管理效果。肖汉仕教授认为，情绪管理是指用心理科学的方法有意识地调适、缓解、激发情绪，以保持适当的情绪体验与行为反应，避免或缓解不当情绪与行为反应的实践活动。包括认知调适、合理宣泄、积极防御、理智控制、及时求助等方式。

情绪管理小技巧

1. 善于体察自己的情绪。时时提醒自己：“我的情绪是什么？”
2. 适当表达自己的情绪。
3. 以适宜的方式纾解情结。

有了不舒服的感觉，要勇敢地面对，仔细想想，为什么这么难过、生气？我可以怎么做，将来才不会重蹈覆辙？怎么做可以降低我的不愉快？这么做会不会带来更大的伤害？根据这几个角度去选择适合自己且能有效纾解情绪的方式，你就能够控制情绪，而不是让情绪来控制你！

纾解情绪小贴士

1. 认清自己的现状，这是纾解情绪的前提。
2. 暂时放下当前的事，防止负面情绪蔓延。
3. 学会自我安慰，给自己积极的心理暗示。
4. 尽量向朋友、父母倾诉，呐喊、痛哭、画画等也是有效的方式。

课堂活动

请同学们在表 6-4 中分别写出近期让自己感觉非常愉悦及沮丧的 5 件事，并进行分析。

表 6-4　近期让自己感觉非常愉悦及沮丧的 5 件事

序号	令人愉悦的事	对自己的影响	处理方式	令人沮丧的事	对自己的影响	处理方法
1						
2						
3						
4						
5						

情绪管理要求我们辨认情绪、分析情绪和管理情绪。

超链接

艾利斯情绪管理 ABC

合理情绪疗法是 20 世纪 50 年代由艾利斯在美国创立，它是认知疗法的一种，由于采用了行为治疗的一些方法，故又被称为“认知行为疗法”。

合理情绪疗法的基本理论是 ABC 理论，这一理论又是建立在艾利斯对人的基本看法之上的。艾利斯对人的本性的看法可归纳为以下几点：

1. 人既可以是有理性的、合理的，也可以是无理性的、不合理的。当人们按照理性思维去行动时，他们就会很愉快、富有竞争精神，且行动有成效。

2. 情绪是伴随人们的思维而产生的，情绪上或心理上的困扰是由不合理的、不合逻辑的思维所造成的。

3. 人具有一种生物学和社会学的倾向性，倾向于其在有理性的合理思维和无理性的不合理思维。即任何人都不可避免地具有或多或少的不合理思维与信念。

4. 人是有语言的动物，思维借助于语言而进行，不断地用内化语言重复某种不合理的信念，这将导致无法排解的情绪困扰。

5. 情绪困扰的持续实际上就是那些内化语言持续作用的结果。正如艾利斯所说："那些我们持续不断地对自己所说的话经常就是，或者就变成了我们的思想和情绪。"

为此，艾利斯宣称：人的情绪不是由某一诱发性事件的本身所引起，而是由经历了这一事件的人对这一事件的解释和评价所引起的。这就是ABC理论的基本观点。在ABC理论模式中，A是指诱发性事件；B是指个体在遇到诱发事件之后相应而生的信念，即他对这一事件的看法、解释和评价；C是指特定情景下，个体的情绪及行为的结果。

通常人们会认为，人的情绪的行为反应是直接由诱发性事件A引起的，即A引起了C。ABC理论则指出，诱发性事件A只是引起情绪及行为反应的间接原因，而人们对诱发性事件所持的信念、看法、解释B才是引起人的情绪及行为反应的更直接的原因。

例如：两个人一起在街上闲逛，迎面碰到他们的领导，但对方没有与他们招呼，径直走过去了。这两个人中的一个对此是这样想的："他可能正在想别的事情，没有注意到我们。即使是看到我们而没理睬，也可能有什么特殊的原因。"而另一个人却可能有不同的想法："是不是上次顶撞了他一句，他就故意不理我了，下一步可能就要故意找我的岔子了。"

两种不同的想法就会导致两种不同的情绪和行为反应。前者可能觉得无所谓，生活、工作照常进行；而后者可能忧心忡忡，以至无法冷静下来干好自己的工作。从这个简单的例子中可以看出，人的情绪及行为反应与人们对事物的想法、看法有直接关系。在这些想法和看法背后，有着人们对一类事物的共同看法，这就是信念。这两个人的信念，前者在合理情绪疗法中称之为“合理的信念”，而后者则被称之为“不合理的信念”。合理的信念会引起人们对事物适当、适度的情绪和行为反应；而不合理的信念则相反，往往会导致不适当的情绪和行为反应。当人们坚持某些不合理的信念，长期处于不良的情绪状态之中时，最终将导致情绪障碍的产生。

第 4 节 压力管理

压力是指个体的身心遇到某种机遇或者威胁时感到其重要性却无法有效把握或对抗的一种感受。在心理学上，压力是个体在“察觉需求”与“满足需求”之间的能力上的不平衡感，是一种不胜任感表现。按照美国著名应激心理学家拉扎鲁斯（ Lazarus）的话，心理压力是个人感受到的要求与资源的不平衡感，而压力应对则是个人试图控制这种不平衡感所做出的努力。

关于中学生的压力来源有人分为 7 个维度：学习问题、教师问题、家庭环境问题、父母教育方式问题、同学朋友关系问题、社会文化问题以及自身生理心理问题。

生涯故事

被学习成绩左右的小糯米

高一下学期开学 3 周了，小豌豆的同学糯米依然没有来上课，班主任老师多次联系、家访，同学们也到家里来看望她，可是她就是不进学校的大门。

入学成绩班里第一名的小糯米无疑是个非常优秀的孩子，她积极主动，颇受老师和同学们喜爱，被推选为班级学习委员。新的一年，新的开始，她豪情万丈，在她看来，自己的中考成绩并不理想，进入了一流的高中以后，她希望自己能进一步提升。为了证明自己的实力，她学习非常投入，进入高中以后的各科小测验都不错。在期中考试中，她取得了班级第二名的成绩，对于一般人来说，在高手如云的省实验，这已经相当不容易了，可是在小糯米看来，她觉得出乎意料，全心的投入，争分夺秒的学习，并没有让她在原有的基础上提升，反而落后一名，她有点沉默了。

随着学科课程的继续推进，她发现对于一向擅长的数学，她听不懂了，题也不会做了。其实真实的情况是，数学这个部分的章节本来难度就大，她领悟得已经相当不错啦。可是她自己没有意识到这一点，就一味地认为自己彻底跟不上了，于是她选择了逃避。

关于一杯水的压力

课上，一位讲师端着一杯水问台下的同学“各位认为这杯水有多重？”这个问题引起台下同学哄笑，觉得这个问题无关紧要，便无所谓地回答说200克，其中也有人说300克。“是的，它只有200克，”讲师笑着说然后又抛出一个问题，“那么，你们可以将这杯水端在手中多久？"这个问题让同学们更加觉得搞笑，都笑着回答：“200克而已，端多久又会怎么样！”

讲师此时并没有笑，他继续说：“端一分钟，各位一定觉得没有问题，端一个小时，可能觉得手酸，端一天呢？一个星期呢？那可能得叫救护车了。”听到这，很多同学又笑了，不过这次是赞同的笑。讲师继续说下去“其实这杯水的重量很轻，但是你拿得越久，就觉得越沉重，这如同把压力放在身上，不管压力是否很重，时间久了就会觉得越来越沉重，而无力承担。我们必须放下这杯水，休息一下后再拿起，这样我们才能拿得更久。同样，我们所受的压力也应该适当地放下，好好地休息一下，然后再重新拿起，才能承担得更久。”说完，教室一片掌声。

讲师说的话正是生活中大部分人遇见的问题，任何人都会有或多或少的压力，但是那又怎样，学会适当地放松一下，再继续前行，才能走得更远。

心理学研究表明，适度的压力会激发人的动机和表现。压力对于个人来讲并非都是坏事，人在最初面对生活挫折与困境时，首先体验到的是烦恼与焦虑，但如能积极化解，人所感到的就是力量与信心。这诚如美国第三十五任总统肯尼迪所言："在中文当中，危机这个词是由两个字组成的，一个是'危'，一个是'机'。"由此，任何压力都是对个人的应对能力的挑战。

压力管理就是培养反弹能力。面对压力，人们需要练就压力反弹能力，简称"压弹"。健康心理学把压力应对分为三种：（1）问题关注的应对，即通过采取具体措施来缓解压力给人带来的问题与困难；（2）情绪关注的应对，即通过采取有效的情绪管理来舒缓压力给人带来的焦虑体验；（3）意义关注的应对，即通过深入的哲学思考来梳理压力给人带来的精神困扰。

课堂活动（一）

请同学们在表 6-5 中写出近期让自己感觉比较有压力的 5 件事，并进行分析。

表 6-5　　近期让自己感觉比较有压力的 5 件事

序号	感觉有压力的事情	对自己的影响	你的处理方式
1			
2			
3			
4			
5			

课堂活动（二）

完成下面的问卷，了解一下自己的压力源于哪里吧！

关于中学生压力的调查问卷

哈尔滨工业大学（威海）毕慧玉“人格与生涯教育”课题组提供

亲爱的同学们：

你们好！为了进一步了解高中生压力的来源，从而对同学们提出可行的分解压力的办法，我们特意制作了此份问卷调查。

故此请您能抽出一点宝贵的时间，配合我们如实填写以下问卷，我们将以不记名方式进行调查，感谢您的支持与合作！

性别：　　　　　　年级：　　　　　　年龄：

1. 你感觉学习有压力吗？

A. 非常大

B. 较大

C. 一般

D. 较小

2. 你会莫名其妙地感到烦躁、情绪低落、浑身无力吗？

A. 经常

B. 偶尔

C. 从没有

3. 你在班级表现活跃吗？

A. 很活跃

B. 一般

C. 不活跃

4. 你和同学相处怎么样？

A. 非常好

B. 好

C. 一般

D. 差

5. 你是否认为自己是一个有价值的人，至少和同龄人不相上下？

A. 比一般人有价值

B. 和别人一样

C. 总感觉不如别人

D. 没价值

6. 你和老师相处怎么样？

A. 非常好

B. 好

C. 一般

D. 差

7. 你的学习压力来自于哪些方面？（多选）

A. 作业压力

B. 考试压力

C. 升学压力

D. 课外学习压力

E. 家长压力

F. 老师压力

G. 自身压力

H. 其他

8. 你觉得学习是件很累很烦的事吗？

A. 是

B. 有时是

C. 不是

D. 很开心

E. 较开心

9. 你最近的学习状态如何？

A. 非常好

B. 好

C. 一般

D. 差

10. 你对哪些科目的学习感到压力较大？（多选）

A. 语文

B. 数学

C. 英语

D. 理科综合（物、化、生）

E. 文科综合（政、史、地）

F. 其他

11. 你觉得作业对你来说多吗？

A. 很多

B. 较多

C. 一般

D. 不多

12. 你觉得作业对你来说难吗？

A. 很难

B. 较难

C. 一般

D. 不难

13. 你觉得考试、测验的次数多吗？

A. 很多

B. 较多

C. 一般

D. 不多

14. 你觉得考试、测验的内容难吗？

A. 很难

B. 较难

C. 一般

D. 不难

15. 考试前你感到紧张吗？

A. 很紧张

B. 有些紧张

C. 不紧张

D. 无所谓

16. 你对考试排名这一做法的态度是：

A. 非常赞同

B. 比较赞同

C. 比较反对

D. 非常反对

E. 无所谓

17. 你对自己的学习成绩很在意吗？

A. 很在意

B. 比较在意

C. 不在意

D. 无所谓

18. 你觉得老师对你的批评次数多吗？

A. 太多

B. 较多

C. 一般

D. 不多

19. 你对课外学习（自己或家人拟订的学习任务、课外补习等活动）的态度是：

A. 很喜欢

B. 完成老师或家长的安排

C. 不喜欢

D. 无所谓

20. 你对升学担心吗？

A. 很担心

B. 有点担心

C. 不担心

D. 没想过

21. 你有来自家庭的压力吗？

A. 有

B. 没有

22. 你的家庭压力主要来自哪方面？（多选题）

A. 家庭不和睦

B. 家庭经济拮据

C. 家庭对子女期望太高

D. 父母忽视子女

E. 难以与父母沟通

F. 父母管教太严

G. 来自单亲家庭

H. 其他

23. 家长对你的期望是？

A. 进入一级重点学校

B. 成绩有所提高

C. 成绩进入班级或年级前几名

D. 将来能找到好工作

E. 没有期望

F. 其他

24. 你觉得家长的期望对你而言：

A. 要求过高

B. 要求适中

C. 要求过低

D. 无所谓

25. 来自家庭的压力给你造成了什么影响？（多选题）

A. 不能集中精神上课，学习成绩下降

B. 使人际交往困难

C. 总是郁郁寡欢，影响心理健康

D. 身体出现疾病，影响身体健康

E. 其他

26. 学校生活可以缓解你来自家庭的压力吗？

A. 可以，有很大帮助

B. 可以，但作用很小

C. 不可以

D. 不可以，而且会加重家庭压力

27. 你是如何排解家庭压力的？（多选题）

A. 压在心底，不说

B. 与父母倾诉

C. 与老师诉说

D. 与朋友诉说

E. 找其他方式发泄

28. 你想得到怎样的帮助来缓解你来自家庭的压力？（多选题）

A. 父母的理解与开导

B. 老师的心理辅导

C. 朋友和同学的开解与安慰

D. 心理专业人士的治疗

E. 其他

29. 如果家庭压力已经严重影响到你的日常生活和身心健康，你会主动寻求帮助吗？

A. 会

B. 不会

C. 不确定

30. 你认为压力对你的学习生活有什么影响?

A. 正面影响，会为学习带来动力

B. 没感觉

C. 较为负面影响，会影响情绪

D. 完全负面影响，会使我无心向学

31. 面对压力时，你是怎样缓解的？（多选题）

A. 转移（心里不快时娱乐、游戏、读书）

B. 发泄（哭、倾诉、写日记）

C. 压抑（睡觉、不理会他人）

D. 顺其自然、自然调整

E. 逃避（完全不想与之相关的事情）

F. 其他

32. 通过上述方式，你认为缓解压力的效果如何？

A. 非常好

B. 好

C. 一般

D. 没有效果

33. 你觉得学校有没有给予你舒缓学习压力的帮助?

A. 有

B. 有，但没什么帮助

C. 没有

34. 你期望学校在哪方面给你提供帮助？（多选题）

A. 给予心理辅导

B. 减轻各学科学习任务

C. 开展丰富多彩的课外活动

D. 其他

第5节　人际沟通

每个人从呱呱落地的那天起，就和这个世界产生了联系，一来一往就产生了沟通。虽然我们无法用语言表述，但是喜怒哀乐，无一不是通过自己的哭喊、微笑、张牙舞爪等肢体语言传递给了周围的人，这是最早的人际沟通。

随着年龄的增长，我们的生活圈子也在增大，每个人也在充当更多的角色：孩子、学生、朋友、公民、夫妻、家长、父母等。要扮演好这些角色，处理好自己的人际关系，每个人面临的沟通挑战只增不减。例如，作为一个学生，参与老师组织的课堂讨论，和同学之间的互动，平时与家长的各种交流，这都是人际沟通。

那么人际沟通究竟是什么呢？人际沟通一般指人与人之间的信息交流过程。其过程就是人们采用言语、书信、表情等方式进行的事实、思想、意见、情感等方面的交流，以达到人与人之间对信息的共同理解和认识，取得相互之间的了解、信任，形成良好的人际关系，从而实现对行为的调节。沟通的实质就是信息的“送”和“收”。你把自己的想法传递出去，对方接收到。说起来很简单，可是在现实生活中要做到良好的人际沟通却并非易事，需要不断地摸索和锻炼。正如英特尔一任总裁所说，沟通的效果不仅取决于我们怎么说，还取决于我们的话是否被理解。学会人际沟通，是每个人成长历程中的必修课。

生涯故事

《吕氏春秋》里有一段，孔子周游列国，曾因兵荒马乱，旅途困顿，三餐以野菜果腹，师生几人已7日没吃下一粒米饭。

一天，颜回好不容易要到了一些白米煮饭，当饭快煮熟时，孔子看到颜回掀起锅盖，抓些白饭往嘴里塞，孔子当时装作没看见，也不去责问。

饭煮好后，颜回请孔子进食，孔子假装若有所思地说："我刚才梦到祖先来找我，我想把还没人吃过的干净米饭，先拿来祭祀祖先吧！"

颜回顿时慌张起来说："不可以。这锅饭我已先吃一口了，不可以祭祖先了。"

孔子问："为什么？"

颜回涨红脸，嗫嗫地说："刚才在煮饭时，不小心掉了些烟灰在锅里，染灰的米饭丢了太可惜了，我只好抓起来先吃了，我不是故意把饭吃了。"

孔子听了，恍然大悟，对自己的观察错误深感愧疚。抱歉地说："我平常对颜回最信任，但仍然还会怀疑他，可见我们内心是最难确定稳定的。你们记住，要了解一个人，是很不容易的！"

所谓知人难，相知相惜更难。逢事必从上下、左右、前后各个角度来认识辨知，否则我们了解的将只是真相的千分之一，单一角度判断，是不能达到全方位的了解的！当你要对一个人下结论的时候，想一想：你所看到的就是事实吗？你是从几个方面几个角度去观察一个人的呢？大多数人往往在根本不了解对方的立场与困难的时候，就已经给对方下了评语，更何况是在有利益冲突下的场合。

现今的人们拥有高学历、高知识，却往往过度仰赖高知识，而忘了让自己在智慧上成长。连孔圣人也会对自己最信任的弟子起疑心，更何况我们呢？我们是不是也常常因为"亲眼所见、亲耳所闻"，对他人产生了某种印象，从而为他人打上某种"标签"呢？有多少人因为自己的"亲眼所见"就对亲密之人耿耿于怀，甚至怀恨在心……可悲的是，到死都不知道，其实是自己"看错了"。

所谓"沟通快三分，发作慢半拍"，绝大多数问题都是由于沟通不畅造成的。很多事信者恒信，不信者恒不信，要客观地跳出成见，才有机会接近真相。

正如世界上没有完全相同的两片叶子，世界上也没有完全相同的人。一个人会因为家庭背景、人生经历、性格特点、教育背景等的不同，而形成不同的沟通风格。沟通风格并无好坏优劣之分，但却代表了让你感到最舒服的沟通行为模式。

人际沟通时知己知彼，了解自己属于哪种风格，适应对方沟通风格，会让沟通更有效，人际关系更顺畅。那么沟通风格有哪些呢？目前比较流行的分类有以下四种，如图 6-2 所示。

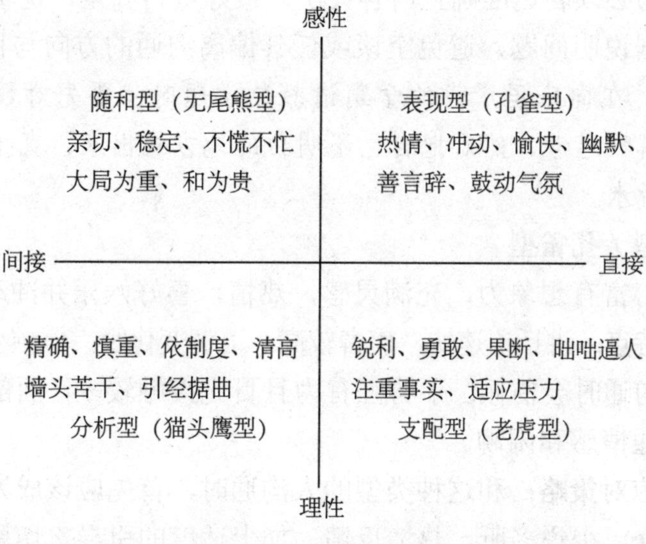

图 6-2　4 种沟通风格

随和型 / 无尾熊型：

个性：友善、可靠，随和，合作，支持，忠诚。

行为特点：说话慢条斯理，经常停顿，语调变化多；身体姿态轻松，可能身体后倾；手势较慢、平和，面部表情丰富；喜欢和人交流感情和闲聊。

沟通应对策略：应该了解其内心的真实观点，多谈主题内容，多提封闭性并以自己的观点来影响他；同时要避免跟着此人的思路走，因为这类人不愿对棘手的事做出决策。

案例：班级的生活委员友善随和，你若要和他讨论班级大扫除，不妨先和他闲聊两句，然后直接问“我是擦玻璃还是扫地”这样的封闭性问题。你们的沟通就会非常愉快。

分析型／猫头鹰型

个性：勤奋，系统，坚持不懈，关心细节，严肃，苛刻，精确。

行为特点：讲话的时候慢且温和，语调单一，经常停顿；身体姿势较为固定；手势少，面部表情少；很少闲聊和谈论感情。

沟通应对策略：与这种类型的人沟通时，必须以专业水准与其交流，因为必须表达准确且内容突出，最好资料齐全，逻辑性强，以数字或数据说明问题，避免空谈或任其偏离沟通的方向与目的。

案例：在向班里严肃的学霸请教数学题时，要先对数学题进行一定的了解和思考，然后把自己不明白的地方找出来，直接问问题，不要拖泥带水。

表现型／孔雀型

个性：富有想象力，充满灵感，热情，喜好娱乐并冲动。

行为特点：讲话语速快，声音较高，语调变化少，停顿少；身体姿势固定，沟通时会前倾；手势强有力且目光接触较多，面部表情多；爱和人沟通情感和闲聊。

沟通应对策略：和这种类型的人沟通时，首先应该成为一个好观众或好听众，少说多听，热情反馈，加上适度的引导。切忌将自己的观点强加给他，插话、冷漠、无动于衷都影响与这类人的有效沟通。

案例：当热情的体育课代表跟你描述班级篮球赛，你只需要做个积极的听众，并对他的提议表达出支持和肯定即可。

支配型／老虎型

个性：客观，坚毅，独立，注重实效，效率高，有决断力。

行为特点：讲话语速较快，声音较高，语调变化少且稍有停顿；身体姿势固定，沟通时身体可能前倾；手势强有力且目光始终接触；

直接表达观点；少闲聊，少谈论情感。

沟通策略：与这种类型的人进行沟通，首先要了解他的想法，提供各种备选方案，当他觉得不合适的时候，可以提出新点子，提供其他方案。若直接反驳或使用结论性的语言，这样的沟通注定是低效甚至是无效的。因为老虎型对冲突的可能反应是直接专制。

案例：在“虎妈狼爸”面前，你想表达个人观点，可以提前聊天，了解他们的想法，给出符合实际的选择，你会发现让父母尊重你的想法也没有那么难。直接反驳的后果很可能就是你被强压下去，对你实行专制。

大家都知道人际沟通很重要，但是究竟哪些行为可以让沟通更有效，让人际关系更融洽呢？我们不妨来试试：

> 人际沟通小技巧：
> ★学会采用恰当的方式提问；
> ★积极倾听，听出对方的真实想法；
> ★表达真诚的赞美；
> ★巧用语调和动作。

课堂活动（一）

1. 判断你的朋友、家人、老师或同学的沟通风格，填写在下表6-6中。

表 6-6

称谓	沟通风格	应对策略

2．回想最近一次沟通不畅的经历，判断对方的沟通风格，并分析沟通不畅的原因，找到有效沟通方法。

他 / 她的沟通风格是：________________________。

沟通不畅的原因是：________________________。

跟他 / 她进行有效沟通的方法是：________________。

课堂活动（二）

测测自己的人际沟通满意度：如果把人际沟通满意度设为 0 ～ 10 分，你与不同的人沟通时可以打几分？

很不满意——很满意							
★与妈妈沟通	0	1	3	5	7	9	10（　　）
★与爸爸沟通	0	1	3	5	7	9	10（　　）
★与好朋友沟通	0	1	3	5	7	9	10（　　）
★与同学沟通	0	1	3	5	7	9	10（　　）
★与老师沟通	0	1	3	5	7	9	10（　　）

思考：

1．你的最高分是与谁沟通？为什么你们之间的沟通顺畅有效？

2．你的最低分是与谁沟通？沟通不畅的原因是什么？

第七章 大学 大学

当前，我国的教育制度分为学前教育、初等教育、中等教育、高等教育等四个阶段。高等教育是指建立在中等教育基础上的各种专业教育，一般分为高等专科教育、本科教育和研究生教育。高等教育担负着培养专门人才、开展科学研究、从事社会服务的多重任务。实施高等教育的机构主要有专科学校、独立设置的学院、大学等。

高中毕业后，学生完成基础教育学业，可选择就读大学或从业。当下的中国学生欲接受高等教育可有更多的选择。我国国内高校蓬勃发展，已由扩建扩张阶段过渡到质量提升阶段，通过“211”“985”等各类型建设工程使我国高等教育质量逐步在“双一流”的竞争阶段显现出优势，学生能够越来越多地享受到国家的优质高等教育资源。除大陆高校外，学生也可选择港澳台高校就读，到国外高校就读也是不错的选择，国家教育部通过更加开放的形式监督并引导学生选择放心的国外或港澳台高校接受教育，国家承认学历。面对海量的大学信息，小豌豆又该如何鉴别选择呢？

第 1 节 国内大学

中国高等教育有 2000 多年的发展历史。而现代意义上的中国大学却是舶来品，移植于外国。1898 年创办的京师大学堂是我国第一所国立大学。我国大学从建国后开始迅猛发展，1949 年我国有高等学校 205 所，在校生 11.65 万；1978 年有高等学校 598 所，在校生 86 万；1998 年已达 1075 所，在校生 279 万，80 年代中期，曾有每三天诞生一所大学，年增 100 多所的盛况。

如图 7-1 所示，截至 2016 年 5 月 30 日，我国高等学校已有 2879 所。其中：普通高等学校 2595 所（含独立学院 266 所），成人高等学校 284 所。普通高校中，本科高校 1236 所，专科高校 1359 所。本科高校中民办高校 417 所，公办高校 812 所，中外合作办学 5 所内地与港澳台合作办学 2 所。专科高校中，民办高校 317 所，公办高校 1042 所。

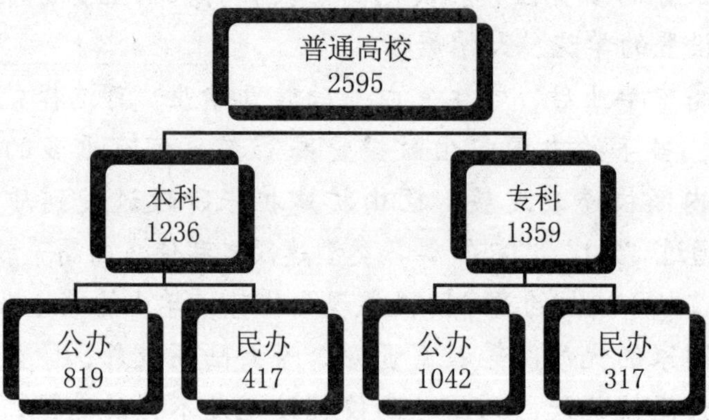

图 7-1 中国高校数量

生涯故事

朱晟坤同学讲述他的升学故事

我是朱晟坤，山东省实验中学2015届毕业生，现就读于中国农业大学大二年级，担任农大第十一届学生会主席。

高中三年可谓是我最黑暗的日子，受各方面因素影响，我的成绩波动相当大，上至361名，下到1306名，高考前夕一度在一本线附近挣扎，高考583分（2015年理科一本线562分），报志愿时父亲意外发现中国农业大学有个烟台研究院，分数在一本线附近，我没多想就报上了，谁料，我的人生从此完全转折。

烟台研究院是中国农业大学下设的16个学院之一，毕业证、学位证都与其他学院的农大学生完全一样，都是“985”“211”高校毕业，我以比别人少近80分的成绩考入，享受的是与其他同学一样的条件与待遇。

当然机遇与挑战并存，烟院同学大一在北京本部就读，之后在烟台校区完成剩余学业。北京1年的生活有无数的机会开阔眼界，激发斗志。我参加了北大的双创大赛并获得一等奖，获得了学院院长的推荐信；大一下学期在学院路共同体系统上学习了北航的遥感技术、北京电影学院的摄影艺术（张艺谋的恩师授课）、中央音乐学院的歌剧鉴赏、地质大学的宝石鉴定、北京科技大股票市场等高校的特色选修课，开拓了更广泛的人脉。2015年共青团中央举办的双创论坛中，我还作为大学生代表发言，与会的有李源潮主席、雷军、俞敏洪等。倘若是我在省内普通高校（以当时的分数在省内高校只能选择此类高校），上述经历是完全不可能发生的。

烟台校区环境安静，适于静心学习争取重返北京。下设四个专业：市场营销、公共管理、设施农业工程和水产品养殖。未来发展方面，享受专业24%的保研率，其中10%保送清北交浙复等外校，

14%保送农大本部。这是任何其他非985高校所没有的；国际交流方面也有很多机会，像港澳台交换，康奈尔、杜克、普渡等美国高校均有机会。学术方面，因为学生数量较少且不招收研究生，导师会带着大二以上本科生一起做课题项目，论文发表的刊物多数是国家级。在导师指导下，大一我就发表了2篇国家级论文和1篇EI。参加工作，学校提供了相当多的高质量校企合作项目。所以无论是读研深造，出国学习，还是参加工作，农大都为我们创造了主动发展的无限空间。

步入社会就业就会发现，好工作的面试官一般先问是否985、211毕业，如果不是一般希望不大，而农大却提供了你所需要的一切。

生涯知识

1. 中国高校的类型

根据不同的划分标准，我国高校可分为不同的类型。

(1) 根据各高校授予的最高学位层次，可分为授予博士学位大学、授予硕士学位大学、本科大学 / 学院及专科 / 高等职业院校等四个层次。

(2) 根据学科设置的类别可分为综合类、理工类、文科类、医药类、农林类、师范类，再加上高职高专类。

(3) 按科研规模和研究生比例进行分类可分为研究型、研究教学型、教学研究型、教学型、专业型。

(4) 按隶属关系进行分类，可分为部委属、省（直辖市）届和地区级。

(5) 按发展目标和水平进行分类，有“世界一流”“国内一流”“985工程”“211工程”、重点、一般等大学的分类方法

(6) 按高校办学特色可分为普通、军事、公安、艺术、体育类等高校。

2. 中国高校的各种“建设工程”

为分期分批提高高校的教育质量，国家在不同阶段提出不同的建设工程，集中优势力量，努力打造优势高校或优势学科，取得了明显的成效。通过了解高校的各种“建设工程”，考生选报高校时可以将其作为重点对象报考，这样便可以在第一时间进入一流高校或一流专业，促进早日成才并成为前沿学科人才。

（1）“双一流”：2016 年 2 月《教育部 2016 年工作要点》提出“加快世界一流大学和世界一流学科”的任务目标，简称“双一流”建设工程，如图 7-2 所示。提出两个一百年的建设目标：

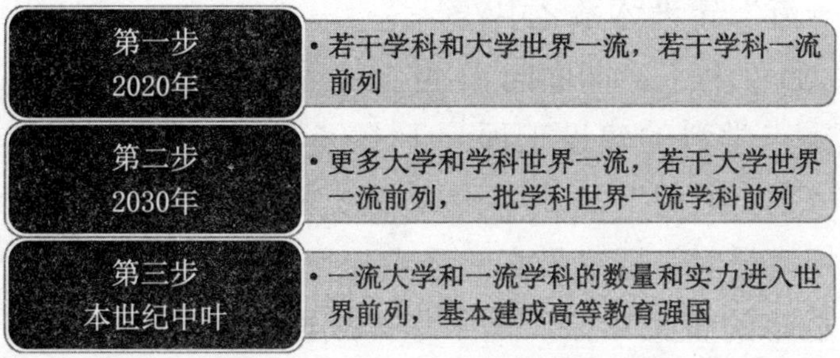

图 7-2“双一流”建设工程

（2）“111 计划”：“111 计划”是指瞄准国际学科发展前沿，以国家重点学科为基础，从世界范围排名前 100 位的著名大学及研究机构的优势学科队伍中，引进、汇聚 1000 余名优秀人才，形成高水平的研究队伍，建设 100 个左右世界一流的学科创新引智基地。如同济大学交通安全学科创新引智基地。“111 计划”之前主要面向“985 高校”，2017 年起首次面向地方高校开放。2017 年，教育部和国家外事局发布“111 计划”最新大学名单，88 所高校入选，其中包括青岛大学等 11 所非“211”大学。

（3）“2011 计划”：又称“高等学校创新能力提升计划”。2011 年 4 月，胡锦涛主席在清华大学百年校庆上发表讲话时提出了“推动协同创新”的理念和要求。创新中心首批 14 个，第二批 24 个。该计划由一所高校牵头，其余高校或研究所协同，共同组成创新平台。

如北京大学、清华大学和中国科学院物理研究所联合组成的量子物质科学协同创新中心。

⑷“985 工程”：1998 年 5 月 4 日，时任国家主席江泽民在北京大学百年校庆上讲话指出：要建设一批世界一流大学。借用提及的时间，命名为“985 高校”。全国“985 工程”大学共有清华、北大、山大等 39 所，“985 高校”能够得到更多的教育科研资金，学校及学科发展会得到更多支持。但经过多年发展后，用人单位开始设定招聘门槛，形成就业歧视。2016 年 12 月，教育部发布通知废除部分文件，其中就包括《关于继续实施“985 工程”建设项目的意见》，统一纳入“双一流”建设体系之中。

⑸“211 工程”：即面向 21 世纪、重点建设 100 所左右的高等学校和一批重点学科的建设工程，于 1995 年 11 月经国务院批准后正式启动。“211 工程”是新中国成立以来由国家立项在高等教育领域进行的规模最大、层次最高的重点建设工作，是中国政府实施“科教兴国”战略的重大举措，是中华民族面对世纪之交的国内外形势而作出的发展高等教育的重大决策。“211 工程”高校有 112 所。“211 工程”与“985 工程’’一样，同样被教育部废止，统一纳入“双一流”建设体系。

⑹“C9”联盟：俗称“九校联盟”(C9)，2009 年 10 月启动，北大、清华、复旦、浙大、上交、中科大、南大、哈工大、西安交大共 9 所高校，互换本科生和研究生培养，互相承认所修学分；举办暑期学校。C9 在一定程度上代表着中国高等教育最顶尖实力。

3. 中国高校的“发展故事”

通过了解高校的合并或更名历史，会帮助考生了解高校的强势学科，以作出更好的选择，同时又能反映不同高校毕业生从业后在行业内的认可程度。如北京科技大学，由原北京钢铁学院更名而来，在钢铁领域，北京钢铁学院的认可程度依然稳固。

（1）高校的合并（见表 7-1、表 7-2）

表 7-1　强强合并

高校名称	合并院校
北京大学	北京大学、北京医科大学
复旦大学	复旦大学、上海医科大学
清华大学	清华大学、中央工艺美术学院
山东大学	山东大学、山东医科大学、山东工业大学
同济大学	同济大学、上海铁道大学
四川大学	四川大学、成都科技大学、华西医科大学
苏州大学	苏州大学、苏州医学院
对外经贸大学	对外经贸、中国金融学院

表 7-2　强强合并

高校名称	合并院校
浙江大学	浙江大学、杭州大学、浙江医科大学、浙江农业大学
同济大学	同济大学、上海铁道大学、上海城建学院、上海建材学院
东南大学	东南大学、南京铁道工学院、南京交通高等专科
吉林大学	吉林大学、吉林工业大学、白求恩医科大、长春科技、长春邮电学院
东华大学	中国纺织大学、上海纺织高等专科学校
西安交通大学	西安交大、西安医科大学、陕西财经学院
北华大学	吉林师范学院、吉林医学院、吉林林学院、吉林电气化高等专科学校
西北农林科技大学	西北农业大学、西北林学院
北京交通大学	北方交大、北京电子高等专科学校

(2) 高校的更名

西南医科大学，四川省属普通本科高校。原为泸州医学院，后提出申请改名为四川医科大学。2015 年 4 月 28 日，教育部正式批准将泸州医学升格为多科性本科院校，并更名为“四川医科大学”。随后，因四川大学原华西部分海外校友以“川医大”简称可能与原“四川医学院”的“川医”简称混淆为由，促使四川大学向教育部提出行政复议申请。经多方反复协商，最后各方形成“承认四川医科大学办学历史，将四川医科大学平稳过渡更名为西南医科大学”的一致性意见，2015 年 12 月 14 日，使用四川医科大学校名不足 8 个月的原泸州医学院被教育部正式批准更名为“西南医科大学”。

据统计，2008 ～ 2015 年 6 年间，中国有 472 所高校更改校名，规律为由学校、职业学院更名为学院，学院更名为大学。“铁道”改为“交通”，“水产”改为“海洋”，“地质”改为“工程”，“钢铁”改为“科技”。如西安地质学院→西安工程学院；成都地质学院→成都理工大学，兰州铁道学院→兰州交通大学；山东农机化学院→山东工程学院→山东理工大学；湛江水产学院→湛江海洋大学→广东海洋大学。

高校的大手笔更名大多为其招生提供了很好的帮助，同时又为其综合建设带来了好处，但其办学特色却变得隐晦，不如以前通过校名便可一目了然。如长安大学，由原西安公路交通大学、西安工程学院、西北建筑工程学院合并而来，西安公路交通大学以公路交通、道路、桥梁建设研究而著名，而改名“长安大学”后却让人很难再读到一点特色专业的影子，从而影响了高校的发展和招生。

4. 选择高校应注意的问题

(1) 选择办学实力强的高校：是否在“双一流”建设中有较强的实力；是否拥有深远的大学文化，高校的精神气质可以影响人的一生；是否有实力强劲的特色专业；是否有很强的学科实力，如重点学科建设、重点实验室、引智计划等；是否有有利于学生发展的良好政策，如转专业、学术交流等等。

（2）选择位置好的高校：发达地区的高校会吸引更多的人才，无论是教授还是学生，层次上会有很大不同，对学科建设和同学群体的影响都会起到很好的作用。另外，高校所在城市的文化气息也会对学生产生深远的影响

（3）选择发展机会多的高校：学生在高校的发展影响着他们继续升学或工作的成就，与其个人利益息息相关。清华、北大等名校，北京、上海等热点城市或高校热门专业等都是竞争激烈的场所，同类同层次高校保研、对外交流、组织能力锻炼等机会是差别不大的。在竞赛激烈的环境中要想脱颖而出是非常不易的，而到一个地理位置相对差一点或到一所学校的非顶尖学科，也许机会能够更多。

（4）选择适合自己人生规划的高校：如有的同学目标是出国深造，名校固然有很多渠道，但中外合作办学类无疑能够提供更好的机会。本科阶段全英文授课，2＋2或3＋1的交流学习模式，国外教授的授课或国外学科体系的渗透等都会帮助学生更顺畅地达成目标。

（5）选择高校应分清高校的“名字”：随着高校的增多，有很多高校校名相似度极高，如不仔细甄别，很容易混淆。如“四华”（东华西华、南华、北华）大学。位置分别位于上海、成都、衡阳和吉林，专业特色差别很大。再比如哈尔滨工业大学和哈尔滨工程大学，两校都在哈尔滨，校名仅一字之差，但前者为C9成员，工科强校，后者前身为哈军工。再比如北京科技大学、北京电子科技学院和北京信息科技大学，三者都在北京，都有科技二字，但差别却是很大的。北京科技学院是教育部直属“211高校”，是钢铁摇篮；北京电子科技学院属中央办公厅直管，为全国各级党政机关培养信息安全和办公自动化专门人才的高校；北京信息科技大学是北京市属普通本科高校，测绘和工程、土木建筑专业不错。

第2节 国外大学、港澳大学及中外合作办学

截止到2017年1月17日，教育部教育涉外监管信息网（http://www.jsj.edu.cn/）公布国外留学目标国家50个，涉及高校上千所，教育部承认其学历，考生选报相关高校要注意查询相关资质。

12所香港高校面向内地招生，分别是香港大学、香港科技大学、香港中文大学、香港城市大学、香港理工大学、香港浸会大学、岭南学院、香港树仁大学、香港公开大学、香港教育学院、香港演艺学院、珠海学院。其中香港中文大学和香港城市大学纳入国内统一招生计划，考生在提前批次报考，其余高校均单独报名，依据高考成绩及英语成绩录取，一旦录取，内地高校不再进行投档。

澳门高校共有6所向内地投放招生计划，分别是澳门大学、澳门理工学院、澳门科技大学、旅游学院、澳门镜湖护理学院、澳门城市大学。澳门高校也需要提前报名，录取不影响内地高校投档，如被录取，考生可自主选择到澳门高校就读或在内地高校就读。

我国正以更加开放的姿态接纳或引进国外或香港地区优质教育资源进行合作办学，分为合作办学机构和合作办学项目。合作办学机构分为具有独立法人资格和非独立法人资格，截至2017年2月，本科阶段具有独立法人的合作办学机构共9家（见表7-3），非独立法人资格合作办学机构几十个，中外合作办学项目近1000项。

表7-3　具有独立法人的合作办学机构（2017年2月）

高校名称	中方合作校	外方合作校	本科招生开始时间
宁波诺丁汉大学	宁波大学	英国诺丁汉大学	2004年
北京师范大学—香港浸会大学联合国际学院	北京师范大学	香港浸会大学	2005年
西交利物浦大学	西安交通大学	英国利物浦大学	2006年

续表

高校名称	中方合作校	外方合作校	本科招生开始时间
上海纽约大学	华东师范大学	美国纽约大学	2013 年
温州肯恩大学	温州大学	美国肯恩大学	2014 年
香港中文大学（深圳）	深圳大学	香港中文大学	2014 年
广东以色列理工学院	汕头大学	以色列理工学院	2017 年
深圳北理莫斯克大学	北京理工大学	俄罗斯莫斯科国立罗蒙诺索夫大学	2017 年
昆山杜克大学	武汉大学	美国杜克大学	2019 年

课堂活动（一）

请以小组为单位，列举出 3 所大学的更名历程，并分享其特色专业。

课堂活动（二）

“985 工程”“211 工程”在国人心目中影响深远，用人单位常常设置门槛限定本科起点是否为“985”或“211”高校毕业。如今教育部取消了“985 工程”和“211 工程”，启动“双一流工程”。请讨论并交流发言“双一流工程和“985 工程”“211 工程”的相同和不同之处是什么？

课堂活动（三）

结合自身实际为自己选出 6 所最中意的大学，为每个大学写出

6 条选择的理由和 3 条不足。

课堂活动（四）

请介绍 3 所世界级名校的特点，并说明如何申请相关高校。

第 3 节 专业

教育部于 2012 年对大学本科专业分类进行了调整，颁布了《普通高等学校本科专业目录（2012 年）》，它规定了专业划分、名称及所属门类，是设置和调整专业、实施人才培养、安排招生、授予学位、指导就业，进行教育统计和人才需求预测等工作的重要依据。分设哲学、经济学、法学、教育学、文学、历史学、理学、工学、农学、医学、管理学、艺术学 12 个学科门类，如图 7-3 所示。未设军事学学科门类，其代码 11 预留。专业类 92 个（即一级学科），专业 506 种（即二级学科）。

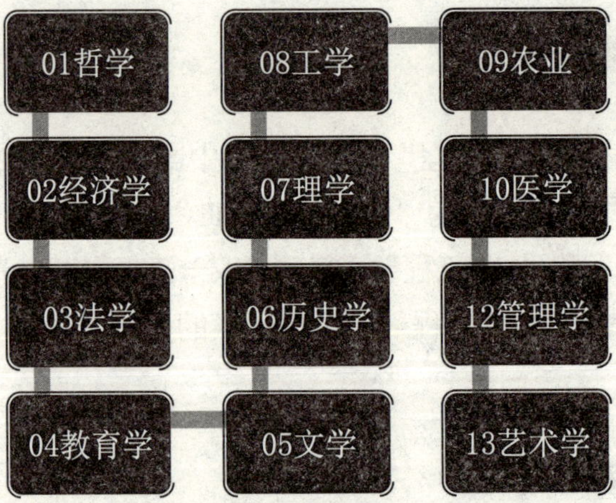

图 7-3 学科门类

专科目录于2015年修订。以产业、行业分类为主要依据，兼顾学科分类进行专业划分和调整，原则上专业大类对应产业，专业类对应行业，专业对应职业岗位群或技术领域。

生涯故事

专业不同会使人拥有不同的人生

1. 考分相等的两个人的人生之路

图7-4

2. 同是文科出自同层次高校人生却有不同

人物（一）男　39岁　13年工作经验　硕士

硕士2000年9月～2003年2月　华中科技大学　数量经济学硕士

2003年3月～2007年3月　工商银行广东省分行　信贷管理/资信评估/分析 | 10001～15000元/月

2007年3月～2010年9月　兴业银行东莞分行　公司业务主管 | 15000～25000元/月

2010年9月～2011年3月　文通银行东莞分行　公司业务经理 | 25000～35000元/月

2011 年 3 月至今　广东南粤银行东莞分行　副行长、部门副总经理 25000 ~ 35000 元 / 月

人物（二）男　53 岁　17 年工作经验　硕士

1997 年 9 月 ~ 1999 年 9 月　华中理工大学　哲学　硕士

1985 年 9 月 ~ 1990 年 9 月　十堰市第六 \ 第四中学任教　初中教师 | 1000 元 / 月以下

1990 年 9 月 ~ 1993 年 9 月　十堰市张湾区 \ 市教育局　人力资源主管 | 1000 ~ 2000 元 / 月

1993 年 9 月 ~ 2003 年 12 月　十堰市委组织部　公务员 / 事业单位 | 2001 ~ 4000 元 / 月

2003 年 12 月 ~ 2008 年 10 月　丹江口市委组织部　公务员 / 事业单位 | 2001 ~ 4000 元 / 月

2008 年 10 月 ~ 2011 年 3 月　郧县县委　公务员 / 事业单位 | 4001 ~ 6000 元 / 月

2011 年 3 月至今　十堰市档案局　公务员 / 事业单位 | 4001~6000 元 / 月

生涯知识

1. 四大专业类型与 13 个大学专业类别（见图 7-5）

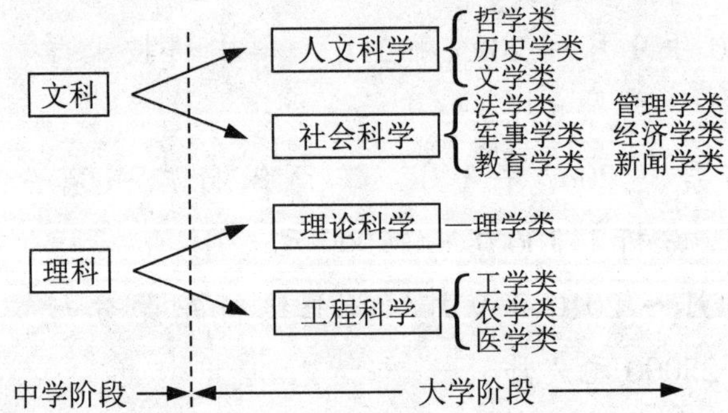

图 7-5　13 个大学专业类别

2．文科专业就业思路主线（见图 7-6）

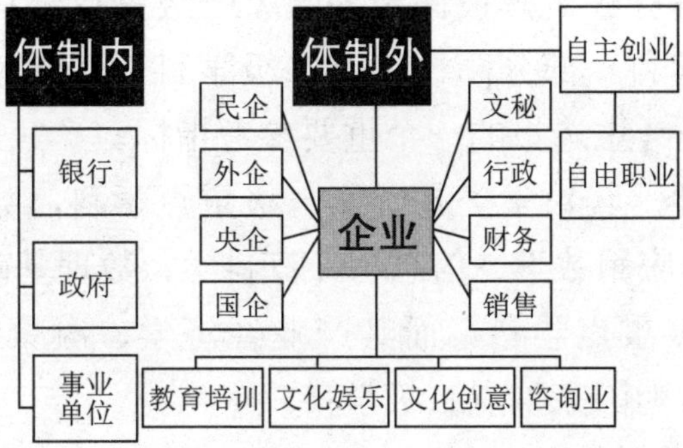

图 7-6　文科专业就业思路主线

3．理科专业与学科关系（见图 7-7）

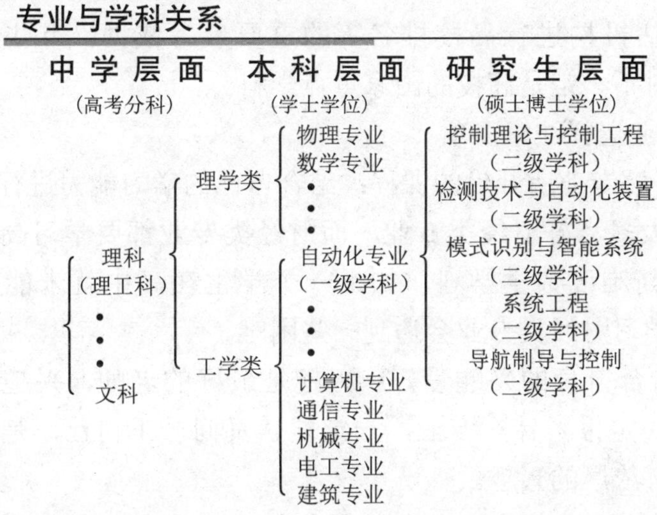

图 7-7　理科专业与学科关系

4．国家重点学科

国家重点学科是国家根据发展战略与重大需求，择优确定并重点建设的培养创新人才、开展科学研究的重要基地，在高等教育学科体系中居于骨干和引领地位，满足经济建设和社会发展对高层次创新人才的需求，为建设创新型国家提供高层次人才和智力支撑，充分体现全国各高校科学研究和人才培养的实力和水平。由国务院学位委员会进行评定，被评定为国家一级重点学科所包含的二级学科均为重点学科。部分高校仅有二级学科获评国家重点，是否为国家重点学科是考生选报的一个重要参考指标。

如山东大学，其数学类是国家一级重点学科，数学类所属基础数学类、数学与应用数学、信息与计算科学、数理基础科学等4个二级学科皆为国家重点学科。而其产业经济学、凝聚态物理等14个二级学科被评定为国家重点二级学科。

5．教育部学科排名

教育部曾明确表示，不以官方名义对大学进行排名，但对学科进行评估，最近一次评估是2012年。2012年教育部学位中心对全国高校的学科排名长时间被社会评估机构参考和使用，是考生选报专业和评估机构进行高校排名等的重要参考依据。有些高校排名靠前的学科不一定是高校的国家重点学科。

6．专业选择注意事项

⑴ 了解专业所开设的课程：结合自己的学习能力进行选择，如文科学生大多喜好财经类专业，而财经类专业都要学习高等数学、统计学等高难度数学学科，如果一个学生在高中就未能把数学学好，大学学习财经类专业会遇到一些困难。

⑵ 结合自身的兴趣爱好：兴趣是最好的老师，兴趣是动力源泉，无论决定报考什么专业，一定要认真问一下自己，是否真正喜欢，是否有浓厚的兴趣。

⑶ 了解专业与未来职业的对应关系：有些工作岗位需要相关度较高的专业毕业生，如临床医学、护理、审计、会计，未接受过专门训练的人无法从事相关工作，因此，从事者能学以致用，专业能力强，成功机率高。而有些专业就不需要相关度较高的专业，经过短暂培训或手眼相传就可胜任，如旅游管理、公共管理、社会管理等。

⑷ 了解专业的就业率：麦可思研究院等机构长期从事毕业生就业研究，每年都会发布就业率报告。近几年来，生物科学与工程、

法学、生物技术、美术学、体育教育等专业多年都是就业红牌专业；而建筑学、地质工程、车辆工程等专业则是多年来就业绿牌专业。

(5) 了解相关专业未来的收入情况：月收入较高的专业有金融学、建筑学、软件工程、城市规划等；月收入较少的专业有学前教育、化学、小学教育、历史学、环境科学等专业。

(6) 关注专业所指向职业的稳定程度：稳定性较高的专业有临床医学、地矿类、历史学类、地理科学类、环境与安全类等；稳定性较差的专业有：外国语言文学类、轻工纺织、食品类、新闻传播等。

(7) 了解专业的考研率：考研率较高的专业有医学、管理学、理学、历史学、文学等；考研率较低的专业如计算机、软件、草学等。

(8) 了解专业出国读研的比率：出国读研比率较大的有临床医学、工程力学、生物工程、材料科学与工程、高分子材料与工程、生物技术、化学工程与工艺等；出国读研比率较小的是金融、新闻、教育学、经济学、建筑学、英语、日语、法学、对外汉语、城市规划、地理信息系统等。

(9) 了解公务员招考偏好的专业：公务员招收人数较多的专业为经济学、法学、会计学、工商管理、计算机、公安类；公务员招收人数较少的专业有临床医学、护理、天文学、力学、兵器类等。

(10) 深入了解不同高校相同专业的研究方向：专业名称虽相同，但不同高校会有不同的研究方向，同样会有不同的就业去向，需要进行深入了解。如材料科学与工程专业：清华——陶瓷，哈工大——焊接，武汉理工——传统建材（水泥、玻璃），重庆大学——镁合金，西北工大——锻造，华中科技——模具等。

课堂活动（一）

请综合考虑各种因素，谈一谈你欲报考的高校及专业。

课堂活动(二)

请说出哪些高校的车辆工程专业是特色专业？分别侧重什么研究方向？

第八章
我的志愿我做主

高考成绩的高低对大学的录取很重要，但高考志愿的填报同样不可忽视，并且还有一定的技术含量呢，在知道了自己的高考成绩后，小豌豆就开始专心研究志愿填报的问题。

考生志愿，是考生所选报的院校和专业，是考生的志向、愿望、爱好、个性和能力等因素的综合反映。填报志愿实际上也是考生与院校之间的一种双向选择：一方面考生通过填报志愿，表达自己的愿望即向往何种院校、喜欢什么专业等；另一方面，各普通高校又以考生填报的志愿为其录取的基本依据，从众多的报考者中择优选拔合格的新生。合理填报志愿对于考生来说意义十分重大。

生涯故事

辽宁女孩刘丁宁，2013年和2014年两届辽宁省高考文科状元。2013年高考，刘丁宁考出了668（含加分10分）分，为辽宁高考文科状元，被香港大学以全额奖学金录取。2013年10月，刘丁宁离开香港大学，重回母校复读，只为追寻纯粹国学。

2014年高考，刘丁宁以666分的成绩获得辽宁省高考文科最高分，进入北京大学中文系读书。

入读北大中文系一直是刘丁宁同学的梦想，当年之所以去香港大学是因为觉得香港大学层次也很高，未来发展也会很好，同时又有全额奖学金的诱惑，更有父母、老师苦口婆心的劝说，可是，当真正去了之后，才发现与自己想象的差距极大，有些课程用粤语讲课，多半很难听懂，去港大学中文感觉就如同英国的孩子来中国学英语一样，不是自己想象的那种感觉，所以只得退学重新复读，再次参加高考。

生涯探索

"退学男孩"刘立早

1998年，他第一次参加高考，被浙江大学化学工程系录取。

2002年，他获得学士学位，并被保送到清华大学化学反应工程专业，硕博连读。

2003年，他从清华大学退学。同年，他第二次参加高考，并被清华大学建筑系录取。

《面对面》栏目对他进行采访时，想了解是什么原因促使他下定决心做这个决定。他回答道："我觉得这是个人的一种选择，是个人的行为，没有必要说。而且在国外，这种事情很平常。虽然在国内可能会少一点。其实国内也是有的，只是可能不是清华的。在别人眼中可能会很特别，但是我自己觉得不会，因为我觉得这样的选择对于我来说是一个比较合理的选择。如果读化工的话，我可能一辈子就要走一条我完全不感兴趣的道路。我用5年的时间能够找到自己比较感兴趣的专业，我想还是比较幸运的。”

记者问：“如果说有很多人会效仿你，你会对他们说什么？”刘立早：“我不提倡这个，如果说是你当时就能够找到自己喜欢的专业，那么就恭喜你，你在高三的时候，你是幸运者，你能够选择自己认为正确的一条道路走。如果说你没有，那么你应该尽早地找到这样一条路，不要像我这样。”

生涯知识

1. 普通文理类的志愿填报批次

山东省教育厅于2017年3月发布《关于做好2017年普通高校招生夏季高考工作的通知》〔鲁招考委(2017)1号〕，规定2017年的志愿批次设置为本科提前批、自主招生批、本科普通批、专科（高职）提前批、专科（高职）普通批共五个批次。

2. 普通文理类志愿设置要求

提前批本科填报一次、征集一次，专科填报一次；自主招生批填报一次；以上两类每次填报一所高校，每所高校可填报6个专业志愿，均实行非平行志愿录取。

普通本科批共填报三次志愿，依次为首次志愿、第一次征集志愿、第二次征築志愿，首次志愿和第一次征集志愿可填报12所高校，第二次征集志愿可填报10所高校，每所高校可填报6个专业，并设专业是否服从调剂，填报时间为2天，均实行平行志愿录取。

3. 平行志愿的投档原则

平行志愿按照“分数（位次）优先，遵循志愿”的原则投档。即在线上考生中先按分数优先的原则从高分到低分排序，再按考生填报的学校志愿顺序投档。

4. 专业录取的三种形式

分数优先：按投档分排序，按其专业顺序检索。

专业优先：按专业志愿排序，同一专业层级志愿的考生处理完后，再处理下一专业志愿。具体来说，院校先将各专业分成不同的专业队列，专业填为第一专业志愿的进档考生，依据分数高低在相应的专业队列中进行排序录取。如果某专业没有录取满额，就再将尚未被录取并且将这一专业填为第二专业志愿的考生，依据分数高低在该专业队列中再次进行排序录取。

专业级差：院校在录取考生第一专业志愿和非第一专业志愿时，各专业志愿间设有专业级差，如3分、2分、1分等，专业级差同时兼顾分数和专业志愿进行专业录取。具体来说，院校先将进档考生按分数高低排序，然后首先检索位次排在第一的考生第一专业志愿，若该考生第一专业志愿符合专业要求，则被录取，接下来再检索位次排在他后面考生的专业志愿；若该考生第一专业志愿已经满额，则将其总分减去该校预设的专业级差，并将其第二专业志愿视为第一专业志愿，再以考生减去专业级差后的分数，重新参加从高分到低分的位次排序录取，以此类推。

5. 考生的位次如何确定

先看高考总分（高考原始分与政策性加分之和）。

总分相同的，文史类先后看语文、文综、数学、外语；理科先后看数学、理综、语文、外语。

以上总分及单科都相同的，比对随机码，小码在前。随机码在高考前已由计算机生成。

6. 平行志愿的风险及规避措施

(1) 重视第一顺位高校：第一顺位高校可定义为既考虑高校、又考虑专业、同时考虑所在位置的最理想高校，同时根据名次推算有可能录取的高校。也可定义为“冲一冲”的高校，关注高校名气，无法关注心仪专业。

(2)6所高校要填满：6所顺序高校代表了6个可能录取的机

会，不要轻易放弃每一个顺位高校的填报机会。

(3) 高校务必拉开梯度：6 所顺位高校务必拉开足够的梯度，无论从哪个角度分析，要保证至少有 2 所高校万无一失。梯度的幅度可根据第一顺位高校的情况定位。

(4) 专业要服从调剂：平行志愿规则规定，同一批次高校按照顺位同一时间段投档，由高校在规定时间内根据专业志愿录取，如专业不服从调剂，高考成绩一旦不能满足专业录取分数，高校则将考生作退档处理。一旦遭遇退档，只能待征集志愿时重新填报志愿。

7. 如何才能选出自己心仪的高校和专业

(1) 确定高校与专业的优先地位：如确定高校优先，则须弱化对优势专业的要求，根据往年名次定位，预估高校投档线进行冲击报考；如确定专业优先，则需依据相关高校意向专业，按往年名次进行定位，兼顾专业录取规则，分数留有余地，科学填报。

(2) 参考近 2～3 年的高校及专业录取位次：查看意向高校近 2～3 年的录取线，折合成报考当年名次，扩大范围，圈定适合的意向高校。

(3) 根据专业实力与高校实力缩小高校范围：重点考虑“双一流”建设专业和高校；考虑“985”或“211”高校平台；考虑国家重点学科；参考学科和高校排名。

(4) 综合考虑各种因素，进一步排除其他高校：对比考虑相同层次高校的综合因素，如层次、学科发展、城市位置、建校历史、就业去向等等。

(5) 根据平行志愿填报原则排定高校顺序：通过预判意向高校分数，按照平行志愿投档分数优先的原则，按预判分数由高到低的原则排定高校顺序。当然，如有特别心仪的相对低分高校，可优先作为第一顺位高校报考。

(6) 根据可能调剂的专业及专业录取规则最终取舍并排定专业顺序：报考一所高校，除关注心仪的 6 个专业之外，也要特别关注其余所有专业，防止一旦遭遇专业调剂，看看有没有实在无法接受的可能调剂专业，并提前了解高校将来专业调整的可能性，如果可能性很小，宁可放弃整所高校。

7. 新高考改革之后志愿填报的变化

2020 年起，山东省高考志愿填报将实行“专业十学校”的形式，将来会以专业为平行志愿向每一专业所报多所高校分数优先，顺位投档，届时会大大保证考生的专业意向，同时也会拉大高校专业间的投档分差。

课堂活动

小豌豆以 985 高校为主要填报目标，为其设计一份合理的志愿填报表，见表 8-1。

表 8-1　　山东省 2016 年普通本科一批次志愿计划表

<table>
<tr><td>姓名</td><td>豌豆</td><td>科类</td><td>理工</td><td>高考成绩</td><td>612</td><td>全省排名</td><td>19581</td></tr>
<tr><td>专业意向</td><td colspan="7">电子 计算机 金融 经济 机械 材料……</td></tr>
<tr><td>长远目标</td><td>出国深造</td><td>要求</td><td colspan="2">211/985</td><td></td><td>重点考虑</td><td>中外合作</td></tr>
<tr><td rowspan="4">顺位 1</td><td>高校名称</td><td>15 年最低线</td><td>15 年最低位次</td><td>15 年招生人数</td><td>16 年计划人数</td><td>备注</td><td>16 年结果最低线</td></tr>
<tr><td rowspan="3">山东大学</td><td>624</td><td>16219</td><td>733</td><td>725</td><td>试冲</td><td>619</td></tr>
<tr><td>专业 1</td><td>专业 2</td><td>专业 3</td><td>专业 4</td><td>专业 5</td><td>专业 6</td></tr>
<tr><td>自动化</td><td>机械设计制造及其自动化</td><td>电子信息科学与技术</td><td>数字媒体技术</td><td>通信工程</td><td>金融学</td></tr>
</table>

续表

姓名	豌豆	科类	理工	高考成绩	612	全省排名	19581
专业意向	电子 计算机 金融 经济 机械 材料……						
长远目标	出国深造	要求	211/985			重点考虑	中外合作
顺位 2	高校名称	15 年最低线	15 年最低位次	15 年招生人数	16 年计划人数	备注	16 年结果最低线
	中国农业大学（中外合作）	615	21613	10	9	985+ 专业	617
		专业 1	专业 2	专业 3	专业 4	专业 5	专业 6
		经济学类					
顺位 3	高校名称	15 年最低线	15 年最低位次	15 年招生人数	16 年计划人数	备注	16 年结果最低线
	四川大学（中外合作）	616	20501	8	15	人数增加有可能	613
		专业 1	专业 2	专业 3	专业 4	专业 5	专业 6
		机械设计制造及其自动化	材料科学与工程	工业工程			
顺位 4	高校名称	15 年最低线	15 年最低位次	15 年招生人数	16 年计划人数	备注	16 年结果最低线
	西南交通大学（中外合作）				19	今年新招	596
		专业 1	专业 2	专业 3	专业 4	专业 5	专业 6
		电子信息类	土木类	计算机类	机械类	生物工程类	

续表

姓名	豌豆	科类	理工	高考成绩	612	全省排名	19581
专业意向	电子 计算机 金融 经济 机械 材料……						
长远目标	出国深造	要求	211/985			重点考虑	中外合作
顺位5	高校名称	15年最低线	15年最低位次	15年招生人数	16年计划人数	备注	16年结果最低线
	山东大学威海分校（中外合作）	613	22366	123	144	招生人数多平衡	611
		专业1	专业2	专业3	专业4	专业5	专业6
		机械类	计算机类	金融学类			
顺位6	高校名称	15年最低线	15年最低位次	15年招生人数	16年计划人数	备注	16年结果最低线
	中国矿业大学	601	4645	416	414	211品牌	603
		专业1	专业2	专业3	专业4	专业5	专业6
		电气工程及其自动化	土木工程	计算机科学与技术	城市地下空间工程		

志愿填报小知识

志愿填报"咸鱼翻身术"：借助高校地域特殊政策，争取获得咸鱼翻身机会。

1. 上海驻地高校插班生政策：上海市教委自2000年起先后允许复旦大学、上海交通大学、同济大学、华东政法大学、华东师范大学、上海财经大学、华东理工大学、上海大学、东华大学、上海海事大学、上海理工大学、上海工程技术大学、上海政法学院等重点高校招收插班生。自2005年开始，每年都有5所以上的高校招生，各院校的招生简章要到每年的4、5月份公布，6 7月间进行考试，成绩合格者即可获得转入更高一级高校就读的机会

2. 浙江大学"立交桥"计划：在浙江城市学院和宁波理工大学就读的大一新生，可参加浙江大学"立交桥"计划，即通过测试选拔在该两校就读的优秀学生，成绩合格后可把学籍转入浙江大学就读。

以上两地政策启示我们，如果当年高考成绩不够理想，可选择到有相关机会的高校或城市就读，只要足够努力，可有机会"咸鱼翻身"。

第九章
你好，未来的自己

正如台湾作家张德芬的人生三部曲一样，在遇见未知的自己以后，我们调整自己的心态，改变学习、做事的方式方法，针对自己的特点，结合外边世界的变迁，我们将会遇到心想事成的自己，从而活出全新的自己。而赫曼·赫塞也说过："生命究竟有没有意义，并非我的责任，但是怎样安排此生却是我的责任。"这给我们的启示是：人生的过程需要我们自己去规划、去创造。我们要让每一天充实而有意义，积极挖掘自己的潜能，不断充实与完善自我，努力提升生命的意义与价值。史蒂文森说过："生命的唯一意义在于活出真我，并完成那充满各种潜能的明天的我。"面对未来，小豌豆信心百倍，毕竟在省实验这片沃土上，他学会了自我管理，学会了自我调控，更树立了未雨绸缪的规划意识，他更知道在人生的路途中自己就是主宰。小豌豆轻轻地说一句："你好，未来的我。"

生涯故事

麦家的成功“密码”

随着电影《风声》和电视剧《风声传奇》的走红，原作者麦家被推到了众人眼前、舞台之上。实际上，我们更应该说，是作家麦家写出了成功的作品，然后才有这些极受欢迎的电影和电视剧。

麦家属于“慢写作”的作家，他的作品数量并不多，但每一部作品都取得了令人瞩目的成功。《人民文学》主编李敬泽认为麦家的小说具有赛车般的速度、颠簸和惊心动魄，并称赞他是个能够“破译密码”的人。那么，麦家本人成功的“密码”又是什么？

其实，麦家的成功并不神秘，只不过他的经验放在什么都讲究速度，迷信“早”“快”和“捷径”，甚至推崇“投机取巧”之类生存谋略的当下，显得非常罕见，令人怀疑和吃惊罢了。

麦家的童年充满了心酸。他的父亲是右派，外公是地主，爷爷是基督徒。这种家庭在特殊的年代里是遭人歧视的，麦家虽是小孩子，也无法避免来自外界的侮辱和伤害。这种经历形成了他胆怯孤独和封闭的性格，为了“放大自己”，他努力跟自己交流，交流的方式就是写日记，同时他也坚持做到“有书必读”，直到现在仍是这样。这便是麦家最初的写作训练，这种自觉训练也逐渐扩展和巩固了他的写作天分。

麦家已经很难回忆当时自己究竟写了多少本日记，但他清楚那种孤独、勤奋和执着的写作训练在不知不觉中成为一种最好的生存习惯，这是“一种自我赋予的习惯，一种应被祝福的习惯”。

长大成人后，麦家在自己最擅长的写作领域中坚持不懈地写作着。即便在成功之后，他依然心无旁骛、“一意孤行”地写作着。他的写作甚至显得非常孤独和寂寞，而且很大程度上是他自己避开人世喧嚣、有意营造出来的。他说：“我在山上写作，那是个几乎完全封闭的地方。除了偶尔出门参加一些推不掉的活动外，几乎每天都写作10至12个小时，然后出门，快走一两个小时调整身体状态，或者，读书一两个小时放松紧绷的神经。”

现在，谁还会过这种幽闭、孤独和枯燥的生活呢？据说，如今有的修行者已经用上了手机、电脑和轿车。然而，作家麦家偏偏要跳出红尘，一个人孤独地营造着令我们难以猜透的世界，而且觉得这“乐在其中”，是自己“最惬意的生活”，自己所做的也是“多么让人愉快的事情”。他还常说：“我的孤独像一座花园一样养人。”我们不知道，是麦家过于特立独行，还是我们不够坚定。

麦家能够做到长期“以苦（孤独）为乐”，固然有很多原因值得我们探讨，但有一点我们应该清楚，用麦家自己的话来说就是：一个人应该“向着天分努力”！这句话应有两层含义：我们不但要发现自己的天分，而且还要为这种天分坚持奋斗、不懈努力。为此，我们可以远离红尘里的种种诱惑，不达目的誓不罢休。

我们知道，一个人光靠自己的天分不能成事，看不清楚自己的天分却一味遵循“勤能补拙”，甚至逆天分而行，既不能成事，还会造成巨大的自我损耗。麦家认为这“等于自己谋杀自己”。所以，麦家忠告渴望成功的年轻人：“当你发现某种天分洋溢，请攥紧它，如同攥紧你的生命。”怎么攥紧？麦家说就是前进和坚持，还不是一般地坚持，而是“疯狂地坚持，歇斯底里地坚持，打破砂锅问到底地坚持”！

需要指出的是，这种坚持应该居于一种认清自我的坚持，而非那种愚蠢、危险的固执。前者可以让人“未到江南先一笑”，既不会令人觉得慢，也不会令人觉得苦，而后者可以轻易地杀死一个人的梦想，让他怎么折腾也无法破解成功的“密码”。

白驹过隙，高中三年很快将过去，小豌豆从最初的懵懂茫然，到后来的从容自信，在从兴趣、性格、气质、价值观等各个方面深度地剖析了自己以后，他对自己已经有了全方位的认识，通过外部社会的探索，对大学及专业的了解，以及高中生活的合理规划，小豌豆的人生目标更加清晰。正如美国亚裔心理学家、宾夕法尼亚大学副教授 AngelaleeDuckworth 所说，比智商和情商更重要的品质是——Grit（毅力）。这充分说明，坚持到底就会成功。

对于未来的大学，小豌豆已经有了自己的方向与选择，高中后的生活意味着又一段必将引人注目的开始，也是再一次见证辉煌的时刻。由此向，及远方。

课堂活动（一）

3 年的高中生活转瞬即逝，回首自己 3 年来走过的路，你心中肯定百感交集，既有成功的喜悦，也有失利的不甘。请拿起手中的笔，把省实验对你的影响及你对省实验的感受写下来吧。

____

____

____

课堂活动（二）

面对未来，你对高中后生活有哪些打算呢？

____

____

____

课堂活动（三）

大学生活意味着一段新的征程的开始。对于自己未来的大学生活，你有哪些想法呢？

____

____

工具篇

『下篇』

附录1　MBTI个人性格测试题

测试前须知

1. 本测试分为四部分，共93题；需时约18分钟。所有题目没有对错之分，请根据自己的实际情况选择。将你选择的A或B所在的○涂黑，例如：●。

2. 本测试用于确定测试者的性格类型。性格类型没有好坏，只有不同。每一种性格都有其价值和优点，也有缺点和需要注意的地方。清楚地了解个人性格优劣势，有利于更好地发挥个人特长，从而尽可能的在为人处事中避免性格中的劣势，更好地和他人相处，更好地作重要的决策。

3. 参加测试的人员请务必诚实、独立地回答问题。只要你是认真、真实地填写了测试问卷，那么通常情况下你都能得到一个确实和你的性格相匹配的类型。希望你能从中或多或少地获得一些有益的信息。

一、哪一个答案最能贴切地描绘你一般的感受或行为?

序号	问题描述	选项	E	I	S	N	T	F	J	P
1	当你要外出一整天，你会 A 计划你要做什么和在什么时候做，B 说去就去	A							○	
		B								○
2	你认为自己是一个 A 较为随兴所至的人，B 较为有条理的人	A								○
		B							○	
3	假如你是一位老师，你会选教 A 以事实为主的课程，B 涉及理论的课程	A			○					
		B				○				
4	你通常 A 与人容易混熟，B 比较沉静或矜持	A	○							
		B		○						
5	一般来说，你和哪些人比较合得来？ A 富于想象力的人，B 现实的人	A				○				
		B			○					
6	你是否经常让 A 你的情感支配你的理智，B 你的理智主宰你的情感	A						○		
		B					○			
7	处理许多事情上，你会喜欢 A 凭兴所至行事，B 按照计划行事	A								○
		B							○	
8	你是否 A 容易让人了解，或是 B 难于让人了解	A	○							
		B		○						
9	按照程序表做事 A 合你心意，B 令你感到束缚	A							○	
		B								○
10	当你有一份特别的任务，你会喜欢 A 开始前小心组织计划，B 边做边找须做什么	A							○	
		B								○
11	在大多数情况下，你会选择 A 顺其自然，B 按程序表做事	A								○
		B							○	

续表

序号	问题描述	选项	E	I	S	N	T	F	J	P
12	大多数人会说你是一个 A 重视自我隐私的人，B 非常坦率开放的人	A		○						
		B	○							
13	你宁愿被人认为是一个 A 实事求是的人，B 机灵的人	A			○					
		B				○				
14	在一大群人当中，通常是 A 你介绍大家认识，B 别人介绍你	A	○							
		B		○						
15	你会跟哪些人做朋友 A 常提出新主意的，B 脚踏实地的	A				○				
		B			○					
16	你倾向 A 重视感情多于逻辑，B 重视逻辑多于感情	A						○		
		B					○			
17	你比较喜欢 A 坐观事情发展才作计划，B 很早就作计划	A								○
		B							○	
18	你喜欢花很多的时间 A 一个人独处，B 和别人在一起	A		○						
		B	○							
19	与很多人一起会 A 令你活力倍增，B 常常令你心力交瘁	A	○							
		B		○						
20	你比较喜欢 A 很早便把约会、社交聚集等事情安排妥当，B 无拘无束，看当时有什么好玩就做什么	A							○	
		B								○
21	计划一个旅程时，你较喜欢 A 大部分的时间都是跟当天的感觉行事，B 事先知道大部分的日子会做什么	A								○
		B							○	
22	在社交聚会中，你 A 有时感到郁闷，B 常常乐在其中	A		○						
		B	○							

续表

序号	问题描述	选项	E	I	S	N	T	F	J	P
23	你通常 A和别人容易混熟，B趋向自处一隅	A	○							
		B		○						
24	哪些人会更吸引你 A一个思维敏捷及非常聪颖的人，B实事求是，具丰富常识的人	A				○				
		B			○					
25	在日常工作中，你会 A颇为喜欢处理迫使你分秒必争的突发事件，B通常预先计划，以免要在压力下工作	A								○
		B							○	
26	你认为别人一般 A要花很长时间才认识你，B用很短的时间便认识你	A		○						
		B	○							

二、每组词中，哪一个词语更合你心意？请先仔细想想这些词语的意义，而不要理会它们的字形或读音。

序号	问题描述	选项	E	I	S	N	T	F	J	P
27	A注重隐私　B坦率开放	A		○						
		B	○							
28	A预先安排的　B无计划的	A							○	
		B								○
29	A抽象　B具体	A				○				
		B			○					
30	A温柔　B坚定	A						○		
		B					○			

续表

序号	问题描述	选项	E	I	S	N	T	F	J	P
31	A 思考　B 感受	A					○			
		B						○		
32	A 事实　B 意念	A			○					
		B				○				
33	A 冲动　B 决定	A								○
		B							○	
34	A 热衷　B 文静	A	○							
		B		○						
35	A 文静　B 外向	A		○						
		B	○							
36	A 有系统　B 随意	A							○	
		B								○
37	A 理论　B 肯定	A				○				
		B			○					
38	A 敏感　B 公正	A						○		
		B					○			
39	A 令人信服　B 感人的	A					○			
		B						○		
40	A 声明　B 概念	A			○					
		B				○				
41	A 不受约束　B 预先安排	A								○
		B							○	

续表

序号	问题描述	选项	E	I	S	N	T	F	J	P
42	A 矜持　B 健谈	A		○						
		B	○							
43	A 有条不紊　B 不拘小节	A							○	
		B								○
44	A 意念　B 实况	A				○				
		B			○					
45	A 同情怜悯　B 远见	A						○		
		B					○			
46	A 利益　B 祝福	A					○			
		B						○		
47	A 务实的　B 理论的	A			○					
		B				○				
48	A 朋友不多　B 朋友众多	A		○						
		B	○							
49	A 有系统　B 即兴	A							○	
		B								○
50	A 富想象的　B 以事论事	A				○				
		B			○					
51	A 亲切的　B 客观的	A						○		
		B					○			
52	A 客观的　B 热情的	A					○			
		B						○		

续表

序号	问题描述	选项	E	I	S	N	T	F	J	P
53	A建造　B发明	A			○					
		B				○				
54	A文静　B爱合群	A		○						
		B	○							
55	A理论　B事实	A				○				
		B			○					
56	A富同情　B合逻辑	A						○		
		B					○			
57	A具分析力　B多愁善感	A					○			
		B						○		
58	A合情合理　B令人着迷	A			○					
		B				○				

三、哪一个答案最能贴切地描绘你一般的感受或行为

序号	问题描述	选项	E	I	S	N	T	F	J	P
59	当你要在一个星期内完成一个大项目，你在开始的时候会 A. 把要做的不同工作依次列出 B. 马上动工	A							○	
		B								○
60	在社交场合中，你经常会感到 A. 与某些人很难打开话匣儿和保持对话，B. 与多数人都能从容地长谈	A		○						
		B	○							

续表

序号	问题描述	选项	E	I	S	N	T	F	J	P
61	要做许多人也做的事，你比较喜欢 A. 按照一般认可的方法去做， B. 构想一个自己的想法	A			○					
		B				○				
62	你刚认识的朋友能否说出你的兴趣？ A. 马上可以，B. 要待他们真正了解你之后才可以	A	○							
		B		○						
63	你通常较喜欢的科目是 A. 讲授概念和原则的，B. 讲授事实和数据的	A				○				
		B			○					
64	哪个是较高的赞誉，或称许为？ A. 一贯感性的人，B. 一贯理性的人	A						○		
		B					○			
65	你认为按照程序表做事 A. 有时是需要的，但一般来说你不大喜欢这样做，B. 大多数情况下是有帮助而且是你喜欢做的	A								○
		B							○	
66	和一群人在一起，你通常会选 A. 跟你很熟悉的个别人谈话， B. 参与大伙的谈话	A		○						
		B	○							
67	在社交聚会上，你会 A. 是说话很多的一个，B. 让别人多说话	A	○							
		B		○						

续表

序号	问题描述	选项	E	I	S	N	T	F	J	P
68	把周末期间要完成的事列成清单，这个主意会 A．合你意，B．使你提不起劲	A							○	
		B								○
69	哪个是较高的赞誉，或称许为 A．能干的，B．富有同情心	A					○			
		B						○		
70	你通常喜欢 A．事先安排你的社交约会，B．随兴之所至做事	A							○	
		B								○
71	总的说来，要做一个大型作业时，你会选 A．边做边想该做什么，B．首先把工作按步细分	A								○
		B							○	
72	你能否滔滔不绝地与人聊天 A．只限于跟你有共同兴趣的人，B．几乎跟任何人都可以	A		○						
		B	○							
73	你会 A．跟随一些证明有效的方法，B．分析还有什么毛病，及针对尚未解决的难题	A			○					
		B				○				
74	为乐趣而阅读时，你会 A．喜欢奇特或创新的表达方式，B．喜欢作者直话直说	A				○				
		B			○					

续表

序号	问题描述	选项	E	I	S	N	T	F	J	P
75	你宁愿替哪一类上司（或者老师）工作？ A天性淳良，但常常前后不一的，B言词尖锐但永远合乎逻辑的	A					○			
		B				○				
76	你做事多数是 A按当天心情去做，B照拟好的程序表去做	A								○
		B							○	
77	你是否 A可以和任何人按需求从容地交谈，B只是对某些人或在某种情况下才可以畅所欲言	A	○							
		B		○						
78	要作决定时，你认为比较重要的是 A据事实衡量，B考虑他人的感受和意见	A					○			
		B						○		

四、在下列每一对词语中，哪一个词语更合你的心意？

序号	问题描述	选项	E	I	S	N	T	F	J	P
79	A想象的　B真实的	A				○				
		B			○					
80	A仁慈慷慨的　B意志坚定的	A						○		
		B					○			
81	A公正的　B有关怀心	A					○			
		B						○		
82	A制作　B设计	A			○					
		B				○				

续表

序号	问题描述	选项	E	I	S	N	T	F	J	P
83	A 可能性　B 必然性	A				○				
		B			○					
84	A 温柔　B 力量	A						○		
		B					○			
85	A 实际　B 多愁善感	A					○			
		B						○		
86	A 制造　B 创造	A			○					
		B				○				
87	A 新颖的　B 已知的	A				○				
		B			○					
88	A 同情　B 分析	A						○		
		B					○			
89	A 坚持己见　B 温柔有爱心	A					○			
		B						○		
90	A 具体的　B 抽象的	A			○					
		B				○				
91	A 全心投入　B 有决心的	A						○		
		B					○			
92	A 能干　B 仁慈	A					○			
		B						○		
93	A 实际　B 创新	A			○					
		B				○				
每项总分										

五、评分规则

1. 当你将●涂好后，把8项（E、I、S、N、T、F、J、P）分别加起来，并将总和填在每项最下方的方格内。

2. 请复查你的计算是否准确，然后将各项总分填在下面对应的方格内。

六、确定类型的规则

1.MBTI 以四个组别来评估你的性格类型倾向：

“E-I”“S-N”“T-F”和“J-P”，请你比较四个组别的得分。每个子别中，获得较高分数的那个类型，就是你的性格类型倾向。例如：你的得分是：E（外向）12分，I（内向）9分，那你的类型倾向便是E（外向）了。

2. 将代表获得较高分数的类型的英文字母，填在下方的方格内。如果在一个组别中，两个类型获同分，则依据下边表格中的规则来决定你的类型倾向。

附录2　霍兰德职业索引

——职业兴趣代码与其相应的职业对照表

R（实际型）：操作X光的技师、工程师、飞机机械师、鱼类和野生动物专家、自动化技师、机械工（车工、钳工等）、电工、无线电报务员、火车司机、长途公共汽车司机、机械制图员、修理机器、电器师。

I（研究型）：气象学者、生物学者、天文学家、药剂师、动物学者、化学家、科学报刊编辑、地质学者、植物学者、物理学者、数学家、实验员、科研人员、科技作者。

A（艺术型）：室内装饰专家、图书管理专家、摄影师、音乐教师、作家、演员、记者、诗人、作曲家、编剧、雕刻家、漫画家。

S（社会型）：社会学者、导游、福利机构工作者、咨询人员、社会工作者、社会科学教师、学校领导、精神病工作者、公共保健护士。

E（企业型）：推销员、进货员、商品批发员、旅馆经理、饭店经理、广告宣传员、调度员、律师、政治家、零售商。

C（事务型）：记账员、会计、银行出纳、法庭速记员、成本估算员、税务员、核算员、打字员、办公室职员、统计员、计算机操作员、秘书。

下面介绍与你3个代号的职业兴趣类型一致的职业表，对照的方法如下：

首先根据你的职业兴趣代号，在下表中找出相应的职业，例如你的职业兴趣代号是RIA，那么牙科技术人员、陶工等是适合你兴趣的职业。然后寻找与你职业兴趣代号相近的职业，如你的职业兴趣代号是RIA，那么其他由这三个字母组合成的编号（如IRA、IAR、ARI等）对应的职业，也较适合你的兴趣。

RIA：牙科技术员、陶工、建筑设计员、制作链条人员。

RIS：厨师、林务员、跳水员、潜水员、染色员、电器修理、眼镜制作、电工、纺织机器装配工、服务员、装玻璃工人、发电厂工人。

RIE：建筑和桥梁工程、环境工程、航空工程、公路工程、电力工程、信号工程、电话工程、一般机械工程、自动工程、矿业工程、海洋工程、交通工程技术人员、制图员、家政经济人员、计量员、农业机械操作、无线电修理、汽车修理、手表修理、线路装配工、工具仓库管理员。

RIC：船上工作人员、接待员、杂志保管员、牙医助手、磨坊工、机器制造、机车（火车头）制造、农业机器装配、汽车装配工、钟表装配和检验、电动器具装配、鞋匠、锁匠、货物检验员、电梯机修工、托儿所所长、钢琴调音员、装配工、印刷工、建筑钢铁工作、卡车司机。

RAI：手工雕刻、玻璃雕刻、制作模型人员、家具木工、制作皮革品、手工绣花、手工钩针纺织、排字工作、印刷工作、图画雕刻、装订工。

RSE：消防员、交通巡警、警察、门卫、理发师、锻工、开凿工人、管道安装工、出租汽车驾驶员、货物搬运工、送报员、勘探员、娱乐场所的服务员、起卸机操作工、灭害虫者、电梯操作工、厨房助手。

RSI：纺织工、编织工、农业学校教师、某些职业课程教师（诸如艺术、商业、技术、工艺课程）、雨衣上胶工。

REC：抄水表员、保姆、实验室动物饲养员、动物管理员。

REI：轮船船长、航海领航员、大副、试管实验员。

RES：旅馆服务员、家畜饲养员、水手长、收割机操作工、搬运行李工人、公园服务员、救生员、登山导游、火车工程技术员、建筑工作、铺轨工人。

RCI：测量员、勘测员、仪表操作者、农业工程技术、化学工程技师、民用工程技师、石油工程技师、资料室管理员、探矿工、煅烧工、矿工、保养工、磨床工、取样工、样品检验员、炮手、电焊工、锯木工、刨床工、手工缝纫工、按摩工、电影放映员、勘测员助手。

RCS：公共汽车驾驶员、一等水手、游泳池服务员、裁缝、建筑工作、石匠、烟囱修建工、混凝土工、电话修理工、爆炸手、邮递员、矿工、纺纱工。

RCE：打井工、吊车驾驶员、农场工人、邮件分类员、铲车司机、拖拉机司机。

IAS：普通经济学家、农场经济学家、财政经济学家、国际贸易经济学家、实验心理学家、工程心理学家、心理学家、哲学家、内科医生、数学家。

IAR：人类学家、天文学家、化学家、物理学家、医学病理、动物标本剥制者、化石修复者、艺术品管理者。

ISE：营养学家、饮食顾问、火灾检查员、邮政服务检查员。

ISC：侦察员、电视播音室修理员、电视修理服务员、验尸室人员、编目录者、医学实验定技师、调查研究者。

ISR：水生生物学者，昆虫学者、微生物学家、配镜师、矫正视力者、细菌学家、牙科医生、骨科医生。

ISA：实验心理学家、普通心理学家、发展心理学家、教育心理学家、社会心理学家、临床心理学家、目标学家、皮肤病学家、精神病学家、妇产科医师、眼科医生、五官科医生、医学实验室技术专家、民航医务人员、护士。

IES：细菌学家、生理学家、化学专家、地质专家、地理物理学专家、纺织技术专家、医院药剂师、工业药剂师、药房营业员。

IEC：档案保管员、保险统计员。

ICR：质量检验技术员、地质学技师、工程师、法官、图书馆技术辅导员、计算机操作员、医院听诊员、家禽检查员。

IRA：地理学家、地质学家、声学物理学家、矿物学家、古生物学家、石油学家、地震学家、声学物理学家、原子和分子物理学家、电学和磁学物理学家、气象学家、设计审核员、人口统计学家、数学统计学家、外科医生、城市规划家、气象员。

IRS：流体物理学家、物理海洋学家、等离子体物理学家、农业科学家、动物学家、食品科学家、园艺学家、植物学家、细菌学家、解剖学家、动物病理学家、作物病理学家、药物学家、生物化学家、生物物理学家、细胞生物学家、临床化学家、遗传学家、分子生物学家、质量控制工程师、地理学家、兽医、放射性治疗技师。

IRE：化验员、化学工程师、纺织工程师、食品技师、渔业技术专家、材料和测试工程师、电气工程师、土木工程师、航空工程师、行政官员、冶金专家、原子核工程师、陶瓷工程师、地质工程师、电力工程师、口腔科医生、牙科医生。

IRC：飞机领航员、飞行员、物理实验室技师、文献检查员、农业技术专家、动植物技术专家、生物技师、油管检查员、工商业规划者、矿藏安全检查员、纺织品检验员、照相机修理者、工程技术员、编计算程序者、工具设计者、仪器维修工。

CRI：簿记员、会计、记时员、铸造机操作工、打字员、按键操作工、复印机操作工。

CRS：仓库保管员、档案管理员、缝纫工、讲述员、收款人。

CRE：标价员、实验室工作者、广告管理员、自动打字机操作员、电动机装配工、缝纫机操作工。

CIS：记账员、顾客服务员、报刊发行员、土地测量员、保险公司职员、会计师、估价员、邮政检查员、外贸检查员。

CIE：打字员、统计员、支票记录员、订货员、校对员、办公室工作人员。

CIR：校对员、工程职员、海底电报员、检修计划员、发报员。

CSE：接待员、通讯员、电话接线员、卖票员、旅馆服务员、私人职员、商学教师、旅游办事员。

CSR：运货代理商、铁路职员、交通检查员、办公室通信员、簿记员、出纳员、银行财务职员。

CSA：秘书、图书管理员、办公室办事员

CER：邮递员、数据处理员、办公室办事员。

CEI：推销员、经济分析家。

CES：银行会计、记账员、法人秘书、速记员、法院报告人。

ECI：银行行长、审计员、信用管理员、地产管理员、商业管理员。

ECS：信用办事员、保险人员、各类进货员、海关服务经理、售货员，购买员、会计。

ERI：建筑物管理员、工业工程师、农场管理员、护士长、农业经营管理人员。

ERS：仓库管理员、房屋管理员、货栈监督管理员。

ERC：邮政局长、渔船船长、机械操作领班、木工领班、瓦工领班、驾驶员领班。

EIR：科学、技术和有关周期出版物的管理员。

EIC：专利代理人、鉴定人、运输服务检查员、安全检查员、废品收购人员。

EIS：警官、侦察员、交通检验员、安全咨询员、合同管理者、商人。

EAS：法官、律师、公证人。

EAR：展览室管理员、舞台管理员、播音员、驯兽员。

ESC：理发师、裁判员、政府行政管理员、财政管理员、工程管理员、职业病防治、售货员、商业经理、办公室主任、人事负责人、调度员。

ESR：家具售货员、书店售货员、公共汽车的驾驶员、日用品售货员、护士长、自然科学和工程的行政领导。

ESI：博物馆管理员、图书馆管理员、古迹管理员、饮食业经理、地区安全服务管理员、技术服务咨询者、超级市场管理员、零售商品店店员、批发商、出租汽车服务站调度。

ESA：博物馆馆长、报刊管理员、音乐器材售货员、广告商、售画营业员、导游、（轮船或班机上的）事务长、飞机上的服务员、船员、法官、律师。

ASE：戏剧导演、舞蹈教师、广告撰稿人，报刊、专栏作者、记者、演员、英语翻译。

ASI：音乐教师、乐器教师、美术教师、管弦乐指挥，合唱队指挥、歌星、演奏家、哲学家、作家、广告经理、时装模特。

AER：新闻摄影师、电视摄影师、艺术指导、录音指导、丑角演员、魔术师、木偶戏演员、跳水员。

AEI：音乐指挥、舞台指导、电影导演。

AES：流行歌手、舞蹈演员、电影导演、广播节目主持人、舞蹈教师、口技表演者、喜剧演员、模特。

AIS：画家、剧作家、编辑、评论家、时装艺术大师、新闻摄影师、男演员、文学作者。

AIE：花匠、皮衣设计师、工业产品设计师、剪影艺术家、复制雕刻品大师。

AIR：建筑师、画家、摄影师、绘图员、环境美化工、雕刻家、包装设计师、陶器设计师、绣花工、漫画工。

SEC：社会活动家、退伍军人服务官员、工商会事务代表、教育咨询者、宿舍管理员、旅馆经理、饮食服务管理员。

SER：体育教练、游泳指导。

SEI：大学校长、学院院长、医院行政管理员、历史学家、家政经济学家、职业学校教师、资料员。

SEA：娱乐活动管理员、国外服务办事员、社会服务助理、一般咨询者、宗教教育工作者。

SCE：部长助理、福利机构职员、生产协调人、环境卫生管理人员、戏院经理、餐馆经理、售票员。

SRI：外科医师助手、医院服务员。

SRE：体育教师、职业病治疗者、体育教练、专业运动员、房管员、儿童家庭教师、警察、引座员、传达员。

SRC：护理员、护理助理、医院勤杂工、理发师、学校儿童服务人员。

SIA：社会学家、心理咨询者、学校心理学家、政治科学家、大学或学院的系主任、大学或学院的教育学教师、大学农业教师、大学工程和建筑课程的教师、大学法律教师、大学数学、医学、物理、社会科学和生命科学的教师、研究生助教、成人教育教师。

SIE：营养学家、饮食学家、海关检查员、安全检查员、税务稽查员、校长。

SIC：描图员、兽医助手、诊所助理、体检检查员、监督缓刑犯的工作者、娱乐指导者、咨询人员、社会科学教师。

SIR：理疗员、救护队工作人员、手足病医生、职业病治疗助手。